부탁합니다, 미안합니다, 고맙습니다

부탁합니다, 미안합니다, 고맙습니다

지은이 | 마크 배터슨
옮긴이 | 정성묵
초판 발행 | 2024. 2. 14.
등록번호 | 제1988-000080호
등록된 곳 | 서울특별시 용산구 서빙고로65길 38
발행처 | 사단법인 두란노서원
영업부 | 02)2078-3333 FAX | 080-749-3705
출판부 | 02)2078-3330

책값은 뒤표지에 있습니다.
ISBN 978-89-531-4804-8   03230

독자의 의견을 기다립니다.
tpress@duranno.com www.duranno.com

두란노서원은 바울 사도가 3차 전도 여행 때 에베소에서 성령 받은 제자들을 따로 세워 하나님의 말씀으로 양육
하던 장소입니다. 사도행전 19장 8-20절의 정신에 따라 첫째 목회자를 돕는 사역과 평신도를 훈련시키는 사역,
둘째 세계선교™와 문서선교 단행본·잡지 사역, 셋째 예수문화 및 경배와 찬양 사역, 그리고 가정·상담 사역 등을 감
당하고 있습니다. 1980년 12월 22일에 창립된 두란노서원은 주님 오실 때까지 이 사역들을 계속할 것입니다.

내 인생을 바꿀 세 가지 말

PLEASE
SORRY
THANKS

부탁합니다

미안합니다

고맙습니다

마크 배터슨 지음

정성묵 옮김

두란노

contents

서문: 우리의 말은 그대로 이루어지는 예언이다 _10

1부

겸손과 배려의 언어,
"부탁합니다"의 심리학 _20

1. '나'가 아니라, '너'와 '우리'를 대화의 중심에 두다 _28

2. 얼어붙은 마음과 불가능한 기회를 열다 _40

3. 적절한 시기에, 창의적으로, 웃으며 요청하기 _50

4. 내 잘못이 아니어도 책임지는 용기를 내다 _60

5. 우리를 귀히 여기시는 은혜의 말씀을 붙들다 _73

2부

**공감과 용서의 언어,
"미안합니다"의 사회학** _86

6. 구체적이고 진심 어린 사과, 막힌 담을 허물다 _95

7. 원한을 품어 상처 나는 사람은 나 자신뿐이다 _106

8. 그 사람만의 내밀한 슬픔에 귀 기울이다 _114

9. 사랑 안에서 진실만을 말하다 _122

10. 인간 내면의 복잡성을 인정하고 판단을 보류하다 _135

Thanks

3부

**감사와 베풂의 언어,
"고맙습니다"의 신학** _146

11. 호흡할 때마다 하나님을 찬양하다 _152

12. 처음 보듯 관찰하고 새롭게 사랑하다 _159

13. 자책과 원망을 버리고 감사 제목을 찾다 _166

14. 받은 복을 세어 보고, 그 복을 흘려 보내다 _179

15. 베풀고 섬기는 샬롬의 세상을 함께 이루다 _190

주 _202

◇◇◇◇◇◇◇◇◇◇◇◇◇◇◇◇◇◇◇◇◇◇◇◇◇◇◇◇◇◇

어머니, 아버지께,
"부탁합니다, 미안합니다, 고맙습니다"라고
말하는 법을 가르쳐 주셔서 감사합니다.

◇◇◇◇◇◇◇◇◇◇◇◇◇◇◇◇◇◇◇◇◇◇◇◇◇◇◇◇◇◇

우리의 말은
그대로 이루어지는
예언이다

"태초에 말씀이 계시니라"
- 요한복음 1:1

언어학자들에 따르면 주문을 외울 때 쓰는 말인 '아브라카다브라'(abracadabra)는 번역이 필요 없을 정도로 보편적으로 사용되는 말이다.[1] 이것은 마술사들이 주로 사용하는 말이지만, 이 말의 유래는 마술보다는 영적인 것에 더 가깝다. 고대 언어인 A'bra K'dabra(아브라 카다브라)는 "내가 말하면, 창조된다"라는 뜻이다.[2] 다시 말해, 말은 세상을 창조한다. 유대 신학자 아브라함 헤셸은 말했다. "말은 그 자체로 신성하다. 말은 우주를 창조하기 위한 하나님의 도구이며, 세상에 악이 아니라 거룩함을 가져오기 위한 우리의 도구다."[3]

시카고대학교에서 수천 건의 상담 기록을 분석한 연구를 한 적이 있다. 그 결과를 보면, 지속적인 변화를 이끌어 낸 성공적인 상담이 있는가 하면, 실패한 상담도 있다. 그 차이를 만들어 낸 결정적 요인은 무엇이었을까? 상담자의 기법이 아니었다. 유진 젠들린 박사는 그 차이점을 이렇게 지적했다. "차이는 〔내담자들이〕 말하는 '방식'에 있다."[4] 인생은 마치 '사이먼 가라사대'라고 말하면 그 지시 그대로 움직여야 하는 게임과도 같다. 그리고 우리가 바로 '사이먼'이다.

자신의 삶을 변화시키고 싶다면, 자신의 말을 바꾸어야 한다.

우리의 말은 세상을 객관적으로 표현하지 않는다. 그 대신, 세상을 주관적으로 창조한다. 우리의 말은 좋은 방향으로든 나쁜 방향으로든 그대로 이루어지는 예언이다. 말은 축복하거나 저주하고, 치유하거나 상처를 입히고, 살게 하거나 죽게 만드는 힘이 있다. 과학자들은 부정적인 말이 식물을 시들게 만드는 반면, 긍정적인 말은 식물이 잘 자라게 돕는다는 사실을 발견했다.[5] 식물만 그런 것이 아니라 사람도 마찬가지다.

솔로몬은 "죽고 사는 것이 혀의 힘에 달렸나니"(잠 18:21)라고 말했다. 유대의 현자인 아킬라(Akila)는 혀를 '한쪽 끝에 칼이 달리고 다른 쪽 끝에는 수저가 달린 도구'로 정의했는데, 한마디로 혀는 죽음과 생명의 도구라는 것이다.[6] 혀는 양날의 검이다. 예수님의 동생 야고보는 이렇게 말했다. "이것으로〔혀로〕 우리가 주 아버지를 찬송

하고 또 이것으로 하나님의 형상대로 지음을 받은 사람을 저주하나니"(약 3:9). 야고보는 혀를, 방향을 결정하는 키에 빗대었다(약 3:4). 실제로 우리의 운명은 많은 부분이 우리의 말에 의해 결정된다.

예수님은 "마음에 가득한 것을 입으로 말함이라"(마 12:34)라고 말씀하셨다. 말은 엑스레이와 같다. 단, 말은 단순히 마음의 상태를 보여 주는 것만이 아니다. 말은 진단인 동시에 예측이다. 부부 상담의 최고 권위자인 존 가트맨 박사는 어떤 부부가 이혼하리라는 것을 90퍼센트 이상 정확하게 예측하기로 유명하다. 비결은 무엇일까? 그는 언어를 잘게 쪼개서 조사하고, 부부가 주장을 펼치는 모습을 분석한다. 그리고 "묵시록의 네 기사"라고 부르는 부정적인 커뮤니케이션 패턴을 찾아내는데, 그 패턴이란 비판과 모욕, 방어적인 태도, 담 쌓기다.[7]

관계를 변화시키고 싶다면 우리가 사용하는 말을 바꾸어야 한다.

한 가지 고백할 게 있다. 최근 정치적 분열로 내 삶과 리더십이 큰 타격을 입었다. 예의는 없고 냉소만 가득한 상황이 큰 폭풍처럼 몰려왔다.

무슨 말을 하는지는 상관없었다. 말만 하면 말이 많다는 비난이 날아오고, 말을 하지 않으면 꿀 먹은 벙어리라고 타박했다. 말을 해도 욕을 먹고, 말을 하지 않아도 욕을 먹었다. 원래 긍정적인 성격이 내 장점인데 당시에는 우울했다. 감정이 바닥을 쳤던 어느 날, 나는 이런 일기를 썼다.

너무 지쳤다.

너무 피곤하다.

내 힘으로는 어쩔 도리가 없어 보인다.

힘이 나지 않는다.

머릿속이 몽롱하다.

가슴이 답답하다.

주님, 도와주세요.

그 시절에 많은 자기반성을 하면서 발견한 첫 번째 사실은 나역시 부정적인 언어를 너무도 자주 사용하고 있다는 것이었다. 나는 말을 통해 부정적인 것을 존재하게 만들고 그것에 힘을 부여하고 있었다. 그 당시에 리더십을 발휘하기가 힘들다고 말하면 말할수록 점점 더 힘들어졌다. 내 말은 스스로 이루어지는 예언이 되어 부정적인 상황의 악순환을 심화시키고 있었다. 우리가 뒤에서 다른 사람을 힘담해도 같은 일이 벌어진다. 이것이 내가 깨달은 두 번째 사실이었다. 이 악순환을 끊고 싶은가? 사람들의 장점을 찾아내어 오히려 뒤에서 그들을 칭찬하면 상황이 바뀐다.

태도를 바꾸고 싶다면 말을 바꾸어야 한다.

우리가 하는 말에도 단순성의 원리인 오컴의 면도날 법칙을 적용할 수 있다. 즉 단순한 말이 불가능해 보이는 문제를 해결할 수 있다. 아르키메데스는 지렛대 원리를 잘 응용하면 지구라도 들어 올릴 수 있다고 했는데, 이와 마찬가지로 작은 말이 세상을 변화시킬 수 있다.

이 책은 짧지만 강력한 세 가지 말에 관해 이야기한다. "부탁합니다"(please), "미안합니다"(sorry), "고맙습니다"(thanks)가 그것이다. 이 말들은 기적을 일으킬 수 있다. "부탁합니다"만큼 마음의 문을 활짝 여는 것도 없다. "미안합니다"만큼 사람들을 화해시키는 것도 없다. "고맙습니다"만큼 관계에 다리를 놓는 것도 없다. 이 세 가지 말은 우리 삶을 변화시킬 힘을 지니고 있다. 이 말들은 우리가 사랑하는 사람들, 우리가 미워하는 사람들, 그 사이에 있는 모든 사람의 삶을 변화시킬 힘이 있다.

앞으로 우리는 "부탁합니다"의 심리학과 "미안합니다"의 사회학과 "고맙습니다"의 신학을 탐구할 것이다. 그 과정에서 우리는 공감의 기술을 배울 것이다. 감성 지능과 맥락 지능을 키울 것이다. 나는 몇 가지 모범 사례와 함께 예화와 연구 결과를 인용할 텐데, 이는 여러분이 자신의 말을 바꿈으로써 삶을 변화시키는 데 도움이 될 것이다. 하지만 먼저 우리의 후원자 되시는 하나님의 말부터 살펴보자. 말의 힘을 이해하려면 태초로 돌아가야만 한다.

"하나님이 이르시되 빛이 있으라 하시니"(창 1:3)

에미상을 일곱 번 수상하고 그래미상을 열여섯 번 수상한 레너드 번스타인은 이 구절에 대한 더 좋은 번역은 "이르시되"가 아니라 "노래하시되"라고 말한다. "태초에 음이 있었고, 그 음은 하나님과 함께 있었다. 누구든 높이 있는 그 음에 손을 뻗어 그것을 땅에 있는 우리의 귓가로 가져오는 사람이 바로 작곡가다."[8] 뉴욕필하모닉의 전 지휘자 번스타인이 한 말이다.

우주의 모든 원자는 독특한 노래를 부르고 있다. 좀 더 과학적으로 말해 보면, 모든 원자는 독특한 주파수에 따라 에너지를 발하고 흡수한다. 주기율표의 모든 원소의 원자가 그렇다. 당신도 마찬가지다. 그리고 말도 마찬가지다. 생명을 주는 말은 (태초의) 첫 음과 함께 어울려 퍼진다. 파괴적인 말은 정반대다. 파괴적인 말은 하나님의 선하시고 기뻐하시고 온전하신 뜻과 충돌하기 때문에 내적 불협화음을 일으킨다.

"부탁합니다", "미안합니다", "고맙습니다"만큼 큰 힘을 지닌 말도 없다. 이 세 가지 말은 3부 화음으로 노래한다. 듣기 좋은 "부탁합니다"는 마음과 정신과 기회의 문을 연다. 솔직한 "미안합니다"는 망가진 관계를 회복할 수 있다. 마음에서 우러나온 "고맙습니다"는 감사의 선순환을 만들어 낸다.

이 세 가지 말에는 모두 기술(art)과 과학이 있다. 우리는 "부탁합니다", "미안합니다", "고맙습니다"를 기술의 한 형태로서 다루는 법을 배울 것이다. 하지만 먼저 과학에서부터 시작하겠다. 하나님이 그 첫 말씀("빛이 있으라")을 '이르셨든(말씀하셨든)', '노래하셨든' 간에 우리는 발음학의 관점에서 생각하는 경향이 있다. 하지만 소리는 무엇보다도 에너지의 한 형태다. 따라서 물리학의 관점에서 생각해야 한다. 우리는 말을 통해 단순히 생각을 교환하지 않고 에너지를 교환한다.

인간의 음성은 초속 340미터로 이동하는 음파를 만들어 낸다. 보통 여성은 170-220헤르츠의 주파수로 말한다. 보통 남성은 사춘기 이후에는 100-150헤르츠의 낮은 음조로 말한다. 머라이어 캐리는 5옥타브를 넘나드는 목소리로 유명하다. 하지만 보통 사람들의 음역은 약 55헤르츠에서 880헤르츠 사이다.

그런가 하면 인간이 귀로 들을 수 있는 범위는 20헤르츠에서 2만 헤르츠 사이다. 20헤르츠 밑의 소리는 초저주파다. 2만 헤르츠 이상의 소리는 초음파다. 20헤르츠에서 2만 헤르츠의 범위를 벗어난 소리는 이상하고 신비로운 작용을 한다. 예를 들어, 코끼리는 초저주파를 사용하여 날씨 변화를 예측하고, 새들은 이주할 때 초저주파를 사용하여 비행한다. 초음파는 잠수함을 추적하고, 관을 체내에 삽입하지 않는 수술을 하고, 보석류를 세척하고, 손상된 피부 조직을 치유하고, 신장 결석을 부순다. 초음파 진단기로 태아의 성별을 확인할 수 있다.

하나님이 인간의 귀에 들리게 말씀하실까? 물론이다. 하지만 그것은 하나님의 음역 중 지극히 작은 일부에 불과하다. 하나님이 말씀하시는 능력은 우리의 청력을 훨씬 초월한다. 하나님은 단순히 말로 언어를 형성하기만 하시지 않는다. 하나님은 말로 세상을 형성하신다. 우리가 눈으로 '보는' 모든 것은 하나님이 '말씀하신' 것이다. 달리 표현하면, 하나님이 노래처럼 '부르신' 것이다. 하나님은 그분의 음성으로 무에서 유를 창조하셨다.

> "태초에 말씀이 계시니라 이 말씀이 하나님과 함께 계셨으니 이 말
> 씀은 곧 하나님이시니라 그가 태초에 하나님과 함께 계셨고 만물
> 이 그로 말미암아 지은 바 되었으니 지은 것이 하나도 그가 없이는
> 된 것이 없느니라"(요 1:1-3)

도플러 효과에 따르면, 우주는 여전히 팽창하고 있다. 다시 말해, 하나님이 태초에 하신 말씀은 여전히 우주의 바깥쪽 끝에서 은하계들을 창조하고 있다. 우주를 통해 하나님은 이렇게 말씀하고 계신다. "내가 단 두 단어('빛이 있으라')로 무엇을 할 수 있는지 보라!" 우리가 '보는' 모든 것은 하나님이 '말씀하신' 것이다.

대부분의 사람들은 하나님의 음성을 들은 적이 없다고 생각한다. 물론 귀에 들리는 음성을 말하는 것이라면 그것도 맞는 말이다. 하지만 우리가 맛보거나 만지거나 보거나 냄새를 맡거나 들을 수 있는 것을 훨씬 초월하는 실재가 존재한다. 하나님은 초저주파와 초음파의 음성을 사용하여 치유하시고, 진리를 드러내시고, 인도하시고, 선물을 주시고, 죄를 깨닫게 하시고, 창조하실 수 있다.

나는 당신이 무슨 생각을 하고 있는지 안다. '나는 말로 뭔가를 존재하게 할 수 없어'라고 성급하게 결론 내리지 말라. 당신이 우주를 탄생시킬 수는 없을지 몰라도, 당신에게 자신의 형상을 주신 하나님처럼 당신의 말은 세상을 창조한다.

아기가 이 세상에 태어났을 때 그 아기가 사용한 주된 커뮤니케이션 수단은 우는 것이었다. 하지만 몇 달이 지나면 아기는 첫 음절

을 형성해 내기 시작한다. 보통 유아들은 50개에서 100개 단어를 구사할 수 있다. 유아에게 말은 세상을 이해하기 위한 수단이다. 또한 자신의 뜻을 관철하기 위한 수단이기도 하다. 어른도 마찬가지다. 어른이 되면 어조와 몸짓으로 커뮤니케이션하는 능력과 함께 어휘력이 기하급수적으로 늘어나는데, 어른이 말을 사용하는 이유도 동일하다.

옥스퍼드 영어 사전은 영어권에서 171,476개의 단어를 사용하고 대략 47,156개 단어가 지금은 폐기된 것으로 추정한다.[9] 사전 편찬자이자 사전 전문가인 수지 덴트에 따르면, 영어를 사용하는 성인들의 평균적인 능동 어휘(active vocabulary: 자신이 사용할 줄 아는 어휘)는 약 2만 단어인 반면, 수동 어휘(passive vocabulary: 자신은 사용하지 않지만 남들이 사용하면 알아들을 수 있는 어휘)는 약 4만 단어다.[10]

나는 당신의 어휘력이 평균 이상인지 이하인지는 모르겠지만 한 가지 이론을 제시하고 싶다. 즉, 세 가지 말만 잘 구사하면 무엇을 하든 성공할 수 있다. 바로 "부탁합니다", "미안합니다", "고맙습니다"이다. 어휘력을 갖춰야 하는 스크래블 게임이나 맞춤법 대회에서 이길 수 있을지는 모르겠다. 하지만 다른 모든 일에서는 성공할 수 있다.

의사가 되고 싶다면 의과 대학에 진학해야 한다. 변호사가 꿈이라면 법과 대학에 들어가라. 하지만 학위가 승진을 보장해 주지는 않는다. 많은 사람이 박사 학위를 소지하고 있다. 하지만 인생, 사랑, 리더십에서 가장 중요한 성공의 열쇠는 "부탁합니다", "미안합니다", "고맙습니다"라는 말을 구사하는 능력이다.

데일 카네기는 "경제적 성공의 약 15퍼센트는 기술적인 지식 덕분이다. 나머지 약 8퍼센트는 인사(人事) 관리를 잘한 덕분이다"라고 말했다.[11] 인사 관리에서 높은 점수를 얻을 수 있는 것은 "부탁합니다", "미안합니다", "고맙습니다"라는 말을 어떻게 사용하느냐에 달렸다. 이 세 가지 말은 모든 건강한 관계의 기초다. 이 말들을 잘 구사하는 만큼만 우리의 영적, 정신적, 정서적 건강이 좋아질 수 있다. 이 세 가지 말이 우리가 얼마나 행복해질지, 나아가서 우리가 얼마나 거룩해질지를 결정한다.

어떻게 하면 친밀한 관계를 맺을 수 있을까?

어떻게 하면 실수를 바로잡을 수 있을까?

어떻게 하면 트라우마를 극복할 수 있을까?

어떻게 하면 진정한 행복을 찾을 수 있을까?

어떻게 하면 가정 분위기를 좋게 만들 수 있을까?

어떻게 하면 일터의 문화를 개선할 수 있을까?

어떻게 하면 좋은 친구를 얻고 사람들에게 선한 영향을 미칠 수 있을까?

"부탁합니다", "미안합니다", "고맙습니다"를 잘하면 된다. 물론 이런 말을 앵무새처럼 반복해서는 소용없다. 말하는 대로 실천해야 한다. 이런 말이 삶의 방식이요, 원칙이 되어야 한다. 당신은 세상을 바꿀 수 있다. 어떻게? 바로, 당신의 말로.

말은 세상을 창조한다.

1부

겸손과 배려의 언어,
"부탁합니다"의 심리학

1879년 프랜시스 골턴은 단어 연상 실험을 개발했는데, "참가자가 자극 단어(stimulus word)를 듣고 가장 먼저 떠오르는 단어를 말하는 실험이었다."[1] 칼 융은 이 실험을 이용해서 환자의 무의식을 조사했다. 자극 단어로 환자를 자극하면 그의 반응에서 과거의 트라우마, 자신도 모르는 두려움, 내적 갈등을 파악할 수 있었다. 융은 본능적인 반응을 일으키는 단어에 특별한 관심을 기울였다. 부정적인 감정과 고통스러운 기억을 이끌어 내는 단어들이 있는가 하면, 정반대의 효과를 내는 단어들도 있었다.[2] 길르앗의 유향처럼 말은 치유력을 가질 수 있다. 마구 돌아다니는 핀볼처럼 마음을 헤집어 놓는 단어들도 있다.

같은 단어라 해도 사람마다 받아들이는 방식이 다르다. 각자의 경험에 따라 다르게 들리는 것이다. 우리 아들 조시아는 아주 어릴 적에 '제자'(disciple)란 단어의 뜻이 '풍랑'이라고 생각했다. 아마도 내가 갈릴리 바다에서 제자들이 풍랑을 만난 이야기를 읽어 줄 때 그렇게 된 것 같다. 하늘에서 먹구름이 일어나면 아들은 "아빠, 제자들이 오고 있어"라고 말했다. 옳고 그름을 떠나 단어들은 각 사람에게 다른 의미를 지닌다.

내가 '파랑'(blue)이라고 말하면 무엇이 떠오르는가? 대부분의 사람들은 자동적으로 하늘을 떠올릴 것이다. 정계에서 일하거나 정치에 관심이 있다면 지지하는 정당에 따라 색깔로 표시되는 파란 주와 빨간 주를 떠올릴 수도 있다. 미시간대학교를 졸업했다면 그 대학교의 상징색이 떠오를지 모른다. 어린이 애니메이션 TV 프로그램 〈블루스 클루스〉(Blue's Clues)를 보며 자랐다면 그 프로그램의 주제곡이 머릿속에서 맴돌 것이다. 말은 옛 기억을 불러오고, 마음 깊은 곳의 감정을 자극하고, 적색경보에 대한 방어기제를 발동시키고, 멋진 아이디어를 만들어 낸다. 말은 우리의 무의식 중에도 그런 작용을 한다.

사회심리학자인 존 바그(John Bargh)는 말이 행동에 미치는 영향을 수십 년 동안 연구해 왔다. 한 연구에서, 그의 학생들은 단어들이 순서 없이 뒤섞인 문장을 바로잡는 문제를 풀어야 했다. 한 문제지에는 '방해하다', '귀찮게 하다', '강요하다'와 같은 무례함과 관련된 단어들이 있었다. 다른 문제지에는 '존중하다', '배려하다', '양보하다'와 같이 정중함과 관련된 단어들이 있었다. 실험 참가자들은 언어 능력 검사를 받고 있다고 생각했지만, 실제로는 그런 단어들에 무의식적으로 사전 자극을 받고 있었다.

'사전 자극 효과'(priming)는 자극 및 반응과 관련된 심리학적 현상이며, 말이 주된 요인이다. 예를 들어, 앞 단어가 '의사'이면 그다음에 '간호사'라는 단어가 훨씬 더 빨리 연상된다. '개'와 '늑대'도 마찬가지다. 이런 단어는 같은 범주를 생각하게 만드는 사전 자극

(prime)이다. 내가 '엠파이어스테이트빌딩'이라고 말하면 당신은 '뉴욕 스테이트 오브 마인드'라는 노래를 떠올릴 수 있다. 같은 의미에서, 동사 앞에 붙이는 "please"는 "부탁합니다"라는 뜻으로, 정중함의 사전 자극이다.

5분간의 문장 맞추기 시험이 끝난 뒤 학생들은 시험 감독을 찾아가 다음 과정에 관한 이야기를 들어야 했다. 그런데 학생들이 찾아갔을 때 한 배우가 의도적으로 시험 감독과 길게 대화를 나누고 있었다. 바그는 왜 그런 상황을 만들었을까?

바그는 무례함을 표현한 단어에 사전 자극을 받은 학생들보다 정중함을 표현한 단어에 사전 자극을 받은 학생들이 배우와 감독의 대화를 끼어들지 않고 더 오래 기다릴지 확인하고 싶었다. 결과는 어땠을까? 무례함과 관련된 단어에 사전 자극을 받은 그룹의 65퍼센트는 배우와 감독의 대화에 끼어들었다. 정중함과 관련된 단어에 사전 자극을 받은 그룹은 어땠을까? 그들 중 82퍼센트는 대화에 전혀 끼어들지 않았다.[3] 이 실험이 10분 후에 끝나지 않았다면 과연 그들은 언제까지 기다렸을까?

몇 마디 정중한 말이 얼마나 큰 차이를 만들어 내는가? 양적으로 보면, 무려 47퍼센트의 차이를 만들어 낼 수 있다. 정중한 말, 특히 "부탁합니다"라는 말의 힘을 과소평가하지 마라.

"부탁합니다"라는 말은 요구에 존중과 시급성의 의미를 더해 준다. "부탁합니다"는 요구하는 것이 아니라 요청하는 것이다. 단, 이말은 진정성이 담기는 만큼만 효과가 있다. 상대방을 이용하려고 이 말을 사용하면 역효과만 낳을 뿐이다. 동기와 말이 일치해야 한다. 마음에서 우러나와서 그 말을 해야 한다.

에티켓에 관한 책을 썼던 작가 에밀리 포스트를 기억하며 우리는 정중함의 문화를 다시 강조해야 하는데, 정중함은 "please"(부탁합니다)에서 시작한다. "'please'는 이후에 따라오는 모든 문장의 어조를 결정하며, 정말 중요한 보편적 예의 중 하나다."[4] "부탁합니다"라는 말만큼, 특히 그 앞에 "정말"이 붙었을 때만큼 긍정적인 결과를 가져오는 말도 없다. 이래라 저래라 하는 명령어를 듣기 좋아하는 사람은 세상에 단 한 명도 없다.

매사추세츠 주지사였던 크리스천 허터는 종일 선거 유세를 마치고 나서 한 교회의 바비큐 파티 현장에 들렀다. 그는 식판을 들고 줄을 섰다가 배식하는 여성에게 치킨을 한 조각만 더 줄 수 있느냐고 물었다. 그러자 여성은 "죄송합니다. 한 사람당 하나씩입니다"라고 대답했다. 허터 주지사는 겸손한 사람이었지만 그날은 너무 배가 고팠다. "제가 누구인지 아시나요? 저는 주지사입니다." 그러자 여성은 숨도 돌리지 않고 응수했다. "제가 누구인지 아시나요? 저는 치킨 배식 담당자입니다. 이제 그만 이동해 주세요."[5]

주지사든 아니든, 요구는 특권의식을 드러낸다. "부탁합니다"란 간단한 말 한마디는 상대방과 같은 위치로 자신을 낮추는 말이다. 이 말은 자신의 직함이나 계급, 자격증을 내미는 것보다 더 많은 것을 얻게 해 준다. 진정성이 담긴 "부탁합니다"는 권위를 이긴다. "부탁합니다"는 그야말로 최고의 패다. "부탁합니다"는 겸손한 자세를 표현하며, 예수님만큼 겸손한 모습을 보이신 분은 없었다.

> "아무 일에든지 다툼이나 허영으로 하지 말고 오직 겸손한 마음으
> 로 각각 자기보다 남을 낫게 여기고 각각 자기 일을 돌볼뿐더러 또
> 한 각각 다른 사람들의 일을 돌보아 나의 기쁨을 충만하게 하라 너
> 희 안에 이 마음을 품으라 곧 그리스도 예수의 마음이니 그는 근본
> 하나님의 본체시나 하나님과 동등됨을 취할 것으로 여기지 아니하
> 시고 오히려 자기를 비워 종의 형체를 가지사 사람들과 같이 되셨
> 고"(빌 2:3-7)

신학자들은 이것을 케노시스(kenosis)라 부른다. 이것은 그리스
도께서 사람들을 위해 자신을 부인하신 것을 일컫는 말이다. 우리
도 이와 같이 하도록 부르심을 받았다. 이것은 곧 다른 사람의 가치
를 더 올려 주는 것이다. 설득의 기술을 배우면 원하는 것을 얻는 데
도움이 될 수 있다. 하지만 설득의 기술은 이기적인 목적으로 오용
되는 경우가 너무나 많다. 설득은 남을 희생시켜 자신이 이익을 얻
기 위한 수단으로 전락하는 경우가 많다. 여기 더 좋은 길, 바로 예
수님의 길이 있다. 그 길은 자신을 내주는 것이다. 다른 사람의 이익
을 추구하는 것이다. 그 길의 초점은 다른 사람들이다.

"부탁합니다"는 자신의 취향을 양보하는 것이다.

"부탁합니다"는 자신의 권리를 포기하는 것이다.

"부탁합니다"는 유리한 고지를 남에게 내주는 것이다.

"부탁합니다"는 결정권을 남에게 넘기는 것이다.

"부탁합니다"는 자신보다 남을 높이는 것이다.

요청할 때 "부탁합니다"를 붙이면 파급효과가 나타난다. 이것을 상호성의 법칙이라고 부른다. 누군가가 우리에게 친절하면 우리도 그에게 친절하고 싶어진다. "부탁합니다"의 심리학은 그리 어려운 개념이 아니다. 아주 간단하다. 그냥 인간관계의 황금률을 생각하면 된다. "남에게 대접을 받고자 하는 대로 너희도 남을 대접하라"(마 7:12). 이것은 "부탁합니다"로 시작된다.

1.

'나'가 아니라, '너'와 '우리'를
대화의 중심에 두다

주인공은 당신이 아니다.
- 릭 워렌,《목적이 이끄는 삶》

윈스턴 처칠의 어머니 제니 제롬은 두 명의 영국 수상과 저녁 식사를 한 적이 있다. 각 수상에게 어떤 인상을 받았는지 묻는 질문에 그녀는 윌리엄 글래드스톤에 관해서 이렇게 말했다. "글래드스톤 수상 옆에 앉아 식사를 하고 그곳을 나왔을 때, 나는 그가 영국에서 가장 똑똑한 사람이라는 생각이 들었습니다." 그렇다면 벤저민 디즈레일리와 저녁 식사를 한 후에는 뭐라고 말했을까? 그녀는 "내

1부 겸손과 배려의 언어, "부탁합니다"의 심리학

가 가장 똑똑한 여성이 된 것 같은 기분을 느꼈다"라고 말했다.[1]

윌리엄 글래드스톤은 카리스마 넘치는 성격을 자주 드러냈고, 그 자체로는 전혀 문제가 아니다. 타인에게 좋은 인상을 주려는 것은 인지상정이다. 반면, 벤저민 디즈레일리는 타인의 잠재력을 이끌어 내는 능력이 탁월했다. 두 사람의 차이는 무엇일까? 글래드스톤은 자신에게 초점을 맞추었고 디즈레일리는 타인에게 초점을 맞추었다. 디즈레일리는 말했다. "사람들과 대화할 때 그들에 관한 말을 하라. 그러면 그들은 몇 시간이라도 귀를 기울일 것이다."[2]

나의 영적 아버지 딕 포스(Dick Foth)는 세상에 두 가지 유형의 사람들이 있다고 하셨다. 첫 번째 유형의 사람들은 모임 장소에 오면서 마음속으로 '내가 여기 있어'(Here I am)라고 말한다. 그들은 자신을 엄청 대단하게 여긴다. 그들의 자아는 문을 통과하지 못할 정도로 크다. 그들은 항상 자기 위주로 생각한다. 두 번째 유형의 사람들은 어떨까? 그들은 모임 장소에 들어오면서 속으로 '당신이 거기 있군요'(There you are)라고 말한다. 그들은 자아를 문 앞에 내려놓고 들어온다. 그들은 항상 다른 사람 위주로 생각한다. 그들의 목적은 타인의 가치를 더 올려 주는 것이다.

당신은 어느 쪽인가?

"내가 여기 있어" 유형인가?

"당신이 거기 있군요" 유형인가?

남들에게 강한 인상을 주려는 사람들은 오히려 전혀 인상적이지 않다. 남들에게 강한 인상을 주지 않으려는 모습이야말로 진정으로 인상적이다. 같은 맥락에서, 남들에게 진정으로 호기심을 보이는 사람들이야말로 진정으로 흥미롭다. 그들은 상대방에게 많은 질문을 던지면서 "좀 더 말해 주세요"라고 요청한다.

유명한 변증가 프란시스 쉐퍼는 이렇게 말했다. "누군가와 단 한 시간만 함께 보낼 수 있다면 처음 55분은 질문을 하면서 그의 마음과 머릿속에 어떤 고민이 있는지 알아내는 데 사용하고, 마지막 5분 동안에는 내가 알고 있는 진리를 전할 것이다."[3] 쉐퍼는 경청의 가치를 이해했다. 쉐퍼의 아내 에디스는 남편이 대화 사역을 했다고 표현했다.[4]

테디 루스벨트가 평균적으로 하루에 한 권꼴로 책을 읽었다는 사실을 아는가? 그것도 대통령으로 재직하면서 말이다.[5] 어떻게 해서 그렇게 할 수 있었을까? 일단 그는 텔레비전을 보거나 소셜 미디어를 서핑하지 않았다. 1세기 전에는 정신을 팔 만한 것이 훨씬 적었다. 하지만 그가 지금 세상에 살았다 해도 독서를 덜 했을 것 같지는 않다. 왜일까? 그는 하나님의 모든 피조물에 대해 거룩한 호기심을 품고 있었고, 독서가 그의 탐구 방식이었기 때문이다. 그는 손님을 맞을 준비를 하면서 어떻게 대화를 풀어 나갈지를 미리 생각했다. 우리가 이와 같은 방식으로 관계와 대화에 접근한다면 어떨까? 그렇다면 할 말이 없어 날씨 얘기만 하다가 헤어지는 일은 없을 것이다.

당신은 남들과 대화할 여유가 있는 속도로 살고 있는가? 대화할 때는 말하기와 듣기 중에서 무엇을 더 하는가? 나와 한 시간 정도 만

나기 위해 비행기를 타고 국토를 가로질러 오는 사람들이 있는데, 그들이 말을 너무 많이 하는 바람에 나는 말을 꺼낼 틈도 없다. 나는 사람들의 이야기를 듣는 것이 정말 좋다. 사실이다. 하지만 사람들이 왜 그렇게 나와 이야기하고 싶어 하는지 그 이유가 여전히 궁금하다. 아마도 그들은 말 그대로 누군가에게든 자기 이야기를 하고 싶기 때문이 아닐까.

한 번 말할 때 두 번 들으라는 뜻에서 하나님이 우리에게 귀 두 개와 입 하나를 주셨다는 말을 들어본 적이 있는가? 이것이 "부탁합니다"와 무슨 상관이 있을까? 경청과 마찬가지로 "부탁합니다"는 타인 중심적이다. 그것은 허락을 구하는 것이며, 허락을 구하는 것은 상대방에게 권리를 넘기는 것이다. 그것은 상대방을 대장 자리에 앉히는 것이다.

저자이자 교수인 애덤 그랜트는 '주는 자들'(givers)과 '취하는 자들'(takers)을 구분했다. [6] 취하는 자들은 자원이 충분하지 않다는 '희소성 사고방식'(scarcity mindset)을 가지고 있다. 그런 사람들은 자기중심적이어서, "내가 여기 있어"라고 말한다. 그들은 세상을 약육강식의 세계로 보고 있으며, 그들의 주된 관심사는 자기 이익뿐이다. 주는 자들은 자원이 충분하기에 무엇이든 할 수 있다는 '풍부함 사고방식'(abundance mindset)을 가지고 있다. 그들은 뿌린 대로 거둔다고 생각한다. 그들의 목적은 타인의 가치를 더 올려 주는 것이다. 그들은 "당신이 거기 있군요"라고 말한다.

취하는 자들과 주는 자들이 생각하는 성공의 잣대는 완전히 다르다. 취하는 자들에게는 누구든 게임 끝에 가장 많은 장난감을 가진 자가 승자다. 최대한 많이 자신의 것으로 확보하는 것이 관건이다. 주는 자들은 한 번 기부하는 것으로 끝내지 않는다. 그들은 주는 것을 목적으로 삼고 살아간다. 순교한 선교사 짐 엘리엇은 이렇게 말했다. "잃어서는 안 될 것을 얻기 위해, 지킬 수 없는 것을 포기하는 사람은 바보가 아니다."[7]

내 친구 브래드 폼스마는 *I Like Giving*(나는 주는 것이 좋다)이라는 책을 썼다. 이 책은 베풂에 관한 교과서로 생각, 말, 돈, 시간, 관심, 소유물, 영향력을 후히 나누라고 격려하는 책이다. 내게 유나이티드 스테이츠 플라스틱 코포레이션(United States Plastic Corporation)의 설립자 스탠리 탬을 소개해 준 사람이 폼스마였다. 내가 탬을 만났을 때 그는 90세를 훌쩍 넘긴 나이였는데, 그때까지 그가 하나님 나라의 일을 위해 기부한 돈이 무려 1억 2천 달러가 넘었다. 저녁 식사 자리에서 그가 한 말을 평생 잊지 못할 것이다. "하나님의 숟가락은 우리의 숟가락보다 큽니다." 다시 말해, 우리가 아무리 하나님의 일을 위해 우리의 것을 많이 내놓아도 하나님은 언제나 우리에게 더 많은 것을 주신다. 이어서 그는 단순하지만 심오한 말을 했다. "하나님은 아브라함에게 아직도 모든 복을 다 주시지 않았습니다. 아브라함의 자손이 여전히 배가되고 있기 때문입니다."

우리가 하는 말을 돈처럼 여긴다면 어떻게 달라질까?

우리가 하는 말을 선물로 생각한다면?

생명을 주는 말을 우리가 후하게 사용한다면?

예수님은 이렇게 말씀하셨다. "너희가 여기 내 형제 중에 지극히 작은 자 하나에게 한 것이 곧 내게 한 것이니라"(마 25:40). 이것은 베풂에 적용되는 '추이의 법칙'(transitive property)이다. 즉 다른 사람에게 주는 것은 곧 하나님에게 드리는 것이다. 우리는 하나님께로부터 생명을 주는 말을 선물로 받아 그 선물을 남들에게 줌으로써 다시 하나님께 드린다. 이런 식으로 베풂이 계속된다.

우리가 '주는 자'인지 '취하는 자'인지 어떻게 알 수 있을까? 우리가 세금 환급을 위해 받는 기부금 납입 증명서가 좋은 지표일 수 있지만, 가장 중요한 단서는 대명사일 수 있다. 그렇다. 대명사!

대명사(그리고 관사와 전치사 같은 여타 기능어들)는 "사전에서 1퍼센트의 10/1도 차지하지 않지만 우리가 사용하는 단어들의 거의 60퍼센트를 차지한다."[8] 대명사는 작은 단어지만 미묘한 힘을 지니고 있다. 애덤 그랜트는 말했다. "취하는 자들은 대개 자기 자신에게 몰두하기 때문에 '우리', '우리의 것', '우리의', '우리 자신' 같은 1인칭 복수 대명사가 아니라 '나', '내 것', '나의', '나 자신' 같은 1인칭 단수 대명사를 주로 사용한다."[9] 취하는 성향이 극도로 강한 CEO들을 조사한 연구에서 그들이 사용한 1인칭 대명사의 39퍼센트가 단수였다.[10]

심리학적 통찰을 얻기 위해 단어 사용을 분석하는 흥미로운 심리학 분야가 있다. 제임스 페니베이커 교수는 '언어 조사 및 단어 계산'(Linguistic Inquiry and Word Count)이라는 소프트웨어 프로그램을 개발해서 노랫말부터 테러리스트 편지까지 다양한 언어를 분석했다. FBI는 페니베이커 교수에게 알카에다의 커뮤니케이션(편지, 동영상, 인터뷰)에 대한 분석을 의뢰했다. 페니베이커는 오사마 빈 라덴이 '나'와 '나의' 같은 인칭대명사를 사용한 횟수가 최저 수준 근처라는 사실을 발견했다. 하지만 빈 라덴의 2인자인 아이만 알 자와히리를 분석해 보니 그런 단어 사용이 급격히 증가했다. 페니베이커는 이렇게 진단했다. "이런 급격한 증가는 큰 불안감, 위협감, 그리고 아마도 빈 라덴과의 관계 변화를 함축한다."[11]

정치 세계에서는 사람들을 모으는 데 두 가지 주된 방식이 있다. 첫 번째 접근법은 '공통의 적'에게 초점을 맞춰 감히 자신의 의견에 이의를 제기하는 자들을 악마화하는 것이다. 두려움, 미움, 분노 같은 부정적인 감정을 일으키는 것이 목적일 때 이 접근법은 더없이 효과적이다. 그런데 이 접근법으로 꽤 많은 표를 얻을 수 있을지는 모르지만 결국에는 사람들을 '나 대(對) 너'로 나누는 결과를 낳는다. 랍비 조너선 색스는 이것을 병적인 이원론(pathological dualism)이라고 부른다. 이것은 사람들을 "나무랄 데 없이 선한 사람들"과 "구제불능으로 나쁜 사람들"로 속단하는 것이다.[12] 실상은 어떠할까? 알렉산드르 솔제니친은 이렇게 말한다. "선과 악을 가르는 경계는 모든 인간의 마음을 통과한다." 공통의 적을 만드는 접근법은 승자 독식의 게임이다.

두 번째 접근법은 '공통의 인간성'을 인정해 주는 것이다. 내 안에 있는 하나님의 형상이 상대방 안에 있는 하나님의 형상과 만나는 것이라는 인식을 심어 주는 것이다. 이런 접근법은 서로를 인간 대인간으로 봄으로써 계층의 담을 허문다. 이 접근법을 마틴 루터 킹 박사만큼 효과적으로 사용한 인물도 없다. 그는 공통의 가치, 공통의 이상, 공통의 상식에 호소했다. "미움으로는 미움을 몰아낼 수 없다. 오직 사랑으로만 그렇게 할 수 있다." 당신은 어느 접근법에 더 끌리는가? 공통의 적인가? 공통의 인간성인가?

이 두 접근법은 매우 다른 종점으로 이어지며, 이는 대명사가 갈라지는 지점이다. '나 대(對) 너' 대신 공통의 정체성에 초점을 맞춘 접근법을 취하면 '나'가 '우리'로 바뀐다.

지도자로서 나는 대명사에 관심이 많다. 내가 1인칭 단수 대명사를 많이 사용하면 내 안에 불안이 가득하다는 신호일 수 있다. 내 자아를 보호하는 데 초점을 맞추고 있는 것이다. 내가 받아 마땅한 것보다 더 많은 공치사를 원한다. 나보다 우리에 초점을 맞춘 복수 대명사를 사용하면 이 상황을 바꿀 수 있다. 해리 트루먼 대통령은 이렇게 말했다. "누가 공(功)을 차지할지 따지지 않으면 놀라운 것을 이룰 수 있다."

테스토스테론 수치가 올라가면 '우리'와 '그들' 같은 사회적 대명사 사용 빈도수가 떨어진다.[13] 왜일까? 덜 관계 중심적이고, 더 업무 중심적으로 되기 때문이다. 이는 목표를 위해 관계를 희생한다는 뜻이다. 이는 "내 뜻대로 하지 않으려면, 보따리 싸서 나가라" 혹은 "내 버스에 타지 않으면, 너를 밟고 지나가겠다"라는 접근법이다.

당신은 '나' 대명사를 사용하는 유형인가?

아니면 '우리' 대명사를 사용하는 유형인가?

자기중심적인 지도자는 공은 자기가 차지하고 비난의 화살은 남에게 돌린다.

타인 중심적인 지도자는 공을 남에게 돌리고 비난은 스스로 감내한다.

사울 왕은 불안감을 품고 산 사람의 좋은 예다. 그는 이스라엘 치리 초기에 꽤 많은 성공을 거두었다. 그때 그의 태도는 어땠을까? "사울이 여호와를 위하여 제단을 쌓았으니"(삼상 14:35). 이때까지는 좋았다. 사울은 공을 돌려야 할 분께 공을 돌렸다. 하지만 불과 한 장도 넘기지 않아서 이런 기록이 나타난다. "사울이 갈멜에 이르러 자기를 위하여 기념비를 세우고"(삼상 15:12).

이 두 구절은 중요한 순간을 기록하고 있으며, 사울의 심각한 인격적 흠을 드러낸다. 그리스도 안에서 정체성을 찾으면 하나님을 위한 제단을 쌓게 된다. 사람들에게 자신을 증명하려고 하면 자신을 위한 기념비를 세우게 된다. 그리고 불안감이 클수록 더 큰 기념비를 세워야 한다. 느부갓네살을 기억하는가? 그는 높이가 27미터에 달하는 자신의 신상을 세우고 백성에게 그 앞에 절하라고 명령했다(단 3:1-6). 누가 이런 짓을 하는가? 극심한 불안감을 무엇으로든 해소하려는 자들이 그렇다.

당신은 하나님을 위한 제단을 쌓고 있는가?

아니면 자신을 위한 기념비를 세우고 있는가?

사울 왕 당시 이스라엘 백성은 사울의 마음을 상하게 하는 노래를 불렀다. "사울이 죽인 자는 천천이요 다윗은 만만이로다"(삼상

18:7). 이 노래가 들릴 때마다 사울은 질투심에 사로잡혀 말했다. "다윗에게는 만만을 돌리고 내게는 천천만 돌리니 그가 더 얻을 것이 나라 말고 무엇이냐"(삼상 18:8). 그래서 사울은 어떻게 했을까? "그날 후로 사울이 (질투심 가득한 눈으로) 다윗을 주목하였더라"(삼상 18:9).

질투심은 죽음에 이르게 하는 일곱 가지 죄악 중 하나다. 한 신학자에 따르면, 질투심은 "남이 잘되는 것에 대한 슬픔"이다.[14] 나는 로버트 마두의 정의를 가장 좋아한다. "질투는 평범한 자가 훌륭한 자에게 주는 트로피다."[15] 내 경험상 질투를 극복하기 위한 유일한 방법은 자신의 기분과 정반대로 하는 것이다. 누군가에게 질투심이 느껴지거든 그가 없는 곳에서 그를 칭찬하라. 그의 면전에서 그를 칭찬하면 더 좋다. 그러면 질투심이 천천히, 하지만 확실히 잦아들 것이다. 다른 사람의 성공을 축하할 수 있는 그릇이 되기 전까지는, 자신이 성공할 준비가 되지 않은 것이다.

사울 이야기의 아이러니가 보이는가? 다윗은 사실 사울의 가장 큰 자산이었다. 다윗은 사울이 골리앗 앞에서 창피를 당하지 않게 해 주었다. 아니, 다윗은 사울의 나라를 구해 주었다. 몰락의 시작은 무엇이었을까? 사울은 비교를 하기 시작했고, 비교의 끝은 항상 몰락이다. 비교의 결과는 교만이나 질투이며, 어떤 경우든 몰락으로 이어진다.

이것이 "부탁합니다"와 무슨 관련이 있을까?

"부탁합니다"는 삶에 대한 1인칭 복수형 접근법이다. 이것은 '나'를 '우리'로 바꾼다. 이것은 윈윈(win-win) 전략, 곧 양쪽 모두 득을 보는 방법이다. 스티븐 코비는 말했다. "윈윈 전략은 제3의 길에 대한 믿음이다. 이것은 당신의 길도 아니요, 나의 길도 아니다. 이것은 '더 좋은' 길이다. 더 높은 길이다."[16] 여기서 나는 이것이 예수님의 길이라는 말을 덧붙이고 싶다. 나는 한 가지 단순한 원칙에 따라 산다. "당신이 이기지 않으면 나도 이긴 것이 아니다." 가장 큰 자는 남을 섬기는 자다. 스스로 높은 자리에 앉기보다는 가장 낮은 자리로 가서 앉으라! 뭔가를 받을 자격이 있더라도 꼭 "부탁합니다"라고 말하라.

나는 담임목사이지만 내셔널커뮤니티교회에 관해서 말할 때 절대 1인칭 단수 대명사를 사용하지 않는다. 이 교회는 '나의 것'이 아니다. 어떤 면에서 이 교회는 내게 자식처럼 느껴진다. 우리는 25년간 이 교회에 피와 땀과 눈물을 쏟았다. 하지만 나는 절대 이 교회를 '내' 교회라고 부르지 않는다. 모든 목사는 임시 목사이기 때문이다. 모든 목사는 어디까지나 목자이신 예수님 밑에 있는 사람일 뿐이다.

예수님은 "내가 '너의' 교회를 세울 것이다"라고 말씀하시지 않았다. "'너'가 내 교회를 세울 것이다"라고도 말씀하시지 않았다. 예수님은 "내가 나의 교회를 세울 것이다"라고 말씀하셨다. '내가'와 '나의'를 강조해서 말씀하셨다. 대명사는 별것 아닌 것처럼 보이지만 지도자가 자기중심적인지 타인 중심적인지를 드러낸다.

대명사는 우리의 자아가 성화되었는지 성화되지 않았는지를 드러낸다.

1부 겸손과 배려의 언어, "부탁합니다"의 심리학

대명사는 우리가 '주는 자'인지 '취하는 자'인지를 드러낸다.

대명사는 우리가 하나님을 위한 제단을 쌓고 있는지, 자신을 위한 기념비를 세우고 있는지를 드러낸다.

대명사는 우리의 운명을 결정하는 방향키다. 대명사는 우리가 어디에서 정체성을 찾는지를 드러낸다. 대명사는 우리가 어디에서 안전감을 느끼는지를 드러낸다. 심지어 대명사는 우리가 어떤 우상을 숭배하고 있는지를 드러낸다.

"부탁합니다"의 심리학은 1인칭 복수 대명사로 시작한다. '나'보다 '우리'가 더 크다.

"부탁합니다"의 힘은 2인칭에 있다.

거기, '당신'이 있군요!

2.

얼어붙은 마음과 불가능한 기회를 열다

(노력은) 모든 문을 여는 암호 '열려라, 참깨'다.
- 윌리엄 오슬러

1964년 시드니 포이티어는 흑인 최초로 아카데미 남우주연상을 수상했다. 포이티어는 인종에 관해 정형화된 관념을 거부함으로써 미국 흑인 배우들의 위상을 바꾸어 놓았는데, 그는 그 일을 미소로 해냈다. "그는 … 우리 모두를 위해 오랫동안 닫혀 있던 문을 열었다"라고 덴젤 워싱턴은 말했다.[1] 시드니 포이티어는 자신이 가진 영향력을 사용해서 흑인 배우에게 닫혀 있던 문을 열었다.

1부 겸손과 배려의 언어, "부탁합니다"의 심리학

그렇다면 시드니 포이티어를 위한 문은 무엇이 열어 주었을까? 맞다. 1974년 여왕 엘리자베스 2세에게 기사 작위를 받은 일이 중요했다. 하지만 그보다 훨씬 전에 어머니가 그에게 "부탁합니다"와 "고맙습니다"를 항상 말하라고 가르쳤다. 그는 그 교훈을 마음에 새겼고, 나중에 이렇게 말했다. "'고맙습니다'와 '부탁합니다'가 내게 얼마나 많은 문을 열어 주었는지, 정말 놀라울 뿐이다."[2]

모든 성공 스토리에는 그 배경이 되는 또 다른 스토리가 있다. 조엘 슈미갈(Joel Schmidgall)은 말했다. "당신이 고난 없이 성공했다면 다른 누군가가 고난을 겪었다. 당신이 성공 없이 고난을 겪고 있다면 다른 누군가가 성공할 것이다." 성공의 길목에는 세상에 알려지지 않은 사람들이 있다. 그들이 없었다면 오늘의 당신도 없었을 것이다. 그들의 희생이 당신에게 성공의 발판을 마련해 주었다.

37명의 용사가 없었다면 다윗은 왕좌를 차지하지 못했을 것이다. 사도 바울 역시 로마서 16장에서 그가 감사를 표했던 동역자 29명이 아니었다면 세 번의 선교 여행을 완수하지 못했을 것이다. 예수님도 열두 제자와 함께, 그리고 그분을 재정적으로 지원한 여성들과 함께 사명을 이루셨다.

저술가이자 목사인 유진 피터슨은 서재에 초상화 세 점을 걸어 놓았다. 첫 번째는 그의 목회 철학에 영향을 준 존 헨리 뉴먼(John Henry Newman)을 그린 그림이다. 두 번째는 그에게 언어에 대한 사랑을 불어넣은 프리드리히 폰 휘겔(Friedrich von Hügel) 남작을 그린 그림이고, 세 번째는 스코틀랜드 설교자 알렉산더 화이트(Alexander

Whyte)를 그린 그림이다. 유진 피터슨은 20년 넘게 주일 아침마다 설교를 하기 전에 알렉산더 화이트의 설교를 읽었다.

이 세 명의 선구자들은 벽에서 지켜보는 감시자 역할을 했다. 유진 피터슨의 전기 작가인 윈 콜리어는 말했다. "그가 연구를 하고 글을 읽는 동안 그들이 지켜보았다. 그가 기도할 말과 설교할 말을 고민하는 동안 그들이 지켜보았다."[3] 다시 말하지만, 모든 성공 스토리에는 배경이 되는 스토리가 있다. 이 배경 스토리의 주인공들은 우리를 지켜봐 주고 우리가 설 발판을 마련해 주는 사람들이다.

이 초상화들 외에도 유진 피터슨의 일정표에는 일주일에 세 번씩 'FD'라고 적혀 있었다. 이 이니셜의 주인은 '표도르 도스토옙스키'(Fyodor Dostoevsky)다. 리더십을 발휘하는 데 어려움이 있던 시절에 피터슨은 도스토옙스키 전집을 읽고 이렇게 말한 적이 있다. "도스토옙스키 덕분에 내 신앙과 열정이 다시는 위기에 빠지지 않았다."[4]

당신을 지켜보고 있는 허다한 증인들은 누구인가?

당신 영혼의 벽에는 누구의 초상화가 걸려 있는가?

당신이 자기 의심에 빠져 있을 때 당신을 믿어 준 사람은 누구인가?

시드니 포이티어는 십대 시절에 할렘의 유명한 미국 흑인 극장에서 배역 오디션을 보았다. 그러나 대본을 잘 읽지 못하는 탓에 배역을 따내지 못했다. 그는 식당에서 설거지하는 일을 시작했다. 그러던 어느 날, 나이 지긋한 유태인 웨이터가 신문을 들고 있는 포이티어를 보고 물었다. "신문에 어떤 뉴스가 실렸는가?" 포이티어는 "글을 잘 읽지 못해서 저도 잘 몰라요"라고 말했다.[5]

이 유태인이 여러 주 동안 참을성 있게 글을 가르쳐 준 덕분에 포이티어는 글을 잘 읽게 되었고, 결국 미국 흑인 극장에 연습생으로 들어갈 수 있었다. 그는 반세기 후 미국 영화 연구소에서 평생 공로상을 받았다. 그 자리에서 그는 말했다. "귀한 시간을 내어, 젊은 흑인 설거지 일꾼에게 글 읽는 법을 가르쳐 준 유태인 할아버지께 감사하다는 말을 꼭 전하고 싶습니다."[6] 포이티어는 그 할아버지에게 경의를 표하며 "그분의 일부가 내가 하는 모든 일 속에 들어 있다"라고 최고의 찬사를 보냈다.[7]

과거로부터 전수된 유산은 당신이 성취한 것이 아니다. 유산은 당신을 위해 다른 사람들이 성취한 것이다. 유산은 타인의 나무에서 자라는 열매이며, 그것은 때로 "부탁합니다"나 "미안합니다", "고맙습니다"에서 시작된다. 그런 말은 도움을 제공할 만큼 담대한 것이고, 도움을 받아들일 만큼 겸손한 것이다. "부탁합니다", "미안합니다", "고맙습니다"를 말하는 순간들이 극적인 변화가 시작되는 지점이다.

현대 의학의 아버지 윌리엄 오슬러는 "(노력은) 모든 문을 여는 암호 '열려라, 참깨'다"라고 말했다.[8] 나는 이 말이 틀렸다고 생각하지 않는다. 우리는 문을 여는 것이 우리 자신에게 달린 것처럼 최선을 다해서 노력해야 한다. 하지만 말이 중요한데, "부탁합니다"만큼 "열려라, 참깨"의 효과를 내는 말은 없다.

《천일야화》에 실린 알리바바와 40인의 도둑 이야기를 기억하는가? "열려라, 참깨"는 보물이 숨겨져 있는 동굴의 문을 여는 암호다. 불가능해 보이는 문을 여는 데 "부탁합니다"라는 이 단순한 말만큼 좋은 것은 없다.

우리는 지위나 특권을 이용해서 문을 부수려 할 때가 많다. 우리는 세상이 우리의 변덕스러운 기분을 맞춰 주고 우리 소원을 중심으로 움직여 주기를 바라기 때문이다. 그래서 우리는 자신의 지위를 공성퇴로 이용한다. 그러나 만왕의 왕이신 하나님도 그렇게 하시지 않는다. 신사이신 예수님은 두말할 나위 없다.

"볼지어다 내가 문 밖에 서서 두드리노니"(계 3:20)

1853년 영국 화가 윌리엄 홀먼 헌트는 문 앞에 서서 두드리시는 예수님의 그림을 완성했다. 그 그림은 요한계시록 3장 20절을 시각화했는데, 사람들의 시선을 사로잡는 한 가지 특징이 있다. 그 문에는 바깥쪽에서 여는 손잡이가 없다. 그 문은 안에서만 열어야 하기 때문이다. 하나님은 우리에게 자유 의지를 주셨으며, 그 의지를 억지로 꺾지 않으신다.

당신은 문을 두드리고 있는가?

아니면 문을 부수고 있는가?

옛 격언이 생각난다. "자신의 뜻과 다른 쪽으로 억지로 설득당한 사람은 여전히 자기 의견을 고수한다." 사람들의 의견을 바꾸려는 시도는 대개 저항에 부딪힌다. 그것은 해와 바람이 누가 센지를 놓고 대결을 벌인 이솝 우화와도 같다. 이 문제는 이 상황을 전혀 모르는 한 나그네 덕분에 해결되었다. 나그네는 외투를 입고 있었다. 해와 바람 중 누가 그의 옷을 벗길 수 있을까? 바람이 강하게 불자 나그네는 옷을 더 단단히 여미었다. 이번에는 해가 강하게 비추기 시작했다. 그로 인해 더위를 느낀 나그네는 기꺼이 옷을 벗었다.[9]

"부탁합니다"는 햇빛과도 같다. 우리의 뜻을 이루는 데 어떤 무시무시한 힘보다도 이 말이 훨씬 더 효과적이다. 이 말로 친구를 얻을 수 있을 뿐 아니라 적을 친구로 바꿀 수도 있다. 설득은 인셉션(inception)의 기술이다. 즉 사람들이 생각을 바꾸도록 발단을 마련해 주는 것이다. 명령이 아니라 질문을 던지는 것이며, 요구가 아니라 요청을 하는 것이다. "부탁합니다"는 상대방이 우리의 생각을 받아들이고, 실행해 보고, 자신의 생각을 바꿀 여지를 주는 말이다. 상대방이 우리의 생각을 받아들이면 그 생각에 따라 움직일 것이다. 그런데 상대방이 우리의 생각을 받아들이지 않을 때 우리는 그를 통제하려고 하기 쉽다.

고백하자면, 나는 통제광이다. 일을 하나님께 맡기는 것이 내게는 정말 어려운 일이다. 하지만 하나님 역할을 하는 것은 완전히 지치는 일이며, 나는 그 역할을 잘하지도 못한다. 그래서 나는 나와는 삶의 경험과 성격이 다른 사람들에게 더 많이 은혜 베푸는 법을 배우게 되었다.

마지막 구절은 이렇게 번역할 수 있다. "사랑 가운데서 서로 참아 주고." 포용은 상대주의를 의미하는 것이 아니다. 상대주의는 망하는 지름길이다. 포용은 하나님의 선하시고 기뻐하시고 온전하신 뜻 밖에 있는 것을 인정해 주는 것이 아니다. 그렇다면 포용은 무엇인가? 성경적인 포용은 하나님이 우리에게 주신 자유 의지를 남들도 가지고 있음을 인정해 주는 것이다. 내 종교를 남에게 강요하는 것은 내 종교에 반하는 행동이다. 오스왈드 챔버스는 이 점을 누구보다 잘 표현했다. "하나님이 당신만을 위한 특별한 분이었던 것처럼, 다른 사람에게도 그런 분이 되게 하라."

사람들을 위협하면 그들은 방어적인 반응을 보인다. 그들을 자꾸만 귀찮게 해도 결과는 마찬가지다. 부담스럽게 들이밀면 사람들은 거부하게 되어 있다. 우리는 광풍으로 사람들을 밀어붙이지 말고 그들 중에서 별처럼 빛나야 한다. 하나님이 이렇게 하시지 않는가? 하나님은 우리를 변화시키기 원하실 때 먼저 인자하심을 보여 주신다(롬 2:4). 인자하심이 통하지 않으면 더 많은 인자하심을 보여 주신다. 이것은 다른 사람의 제안과 반대로 행동하려는 심리를 이용하는 반(反)심리학(reverse psychology)이다. 아니, 반(反)신학이라고 말해야 할지도 모르겠다. 셀레나 고메즈의 노랫말을 빌리자면, 우리는 "그들을 친절로 끝장내야 한다"(kill 'em with kindness).[10]

산상수훈은 직관에 반하는 여섯 가지 지시를 중심으로 진행된다. "원수를 사랑하라. 우리를 핍박하는 자들을 위해 기도하라. 우리를 저주하는 자들을 축복하라. 다른 쪽 뺨을 돌려 대라. 5리를 더 가 주어라. 겉옷까지 벗어 주어라." 이런 모습들은 얼핏 이해하기 어렵지만 이렇게 행동하면 상황을 바꿀 수 있다. 이런 행동들은 세상의 가치관과 반대된다. 우리가 이렇게 행동하면 수많은 질문이 날아올 텐데, 복음이 바로 그 질문에 대한 답이다.

이것이 "부탁합니다"의 심리학과 무슨 관련이 있을까? "부탁합니다"만큼 방어기제를 허무는 것은 없다. "부탁합니다"는 트로이의 목마다. 그 안에 엄청난 능력이 숨겨져 있다. 우리는 공성퇴로 문을 부수려 하지 않고, 구하고 찾고 두드린다.

> *"구하라 그리하면 너희에게 주실 것이요 찾으라 그리하면 찾아낼 것이요 문을 두드리라 그리하면 너희에게 열릴 것이니"*(마 7:7)

이 동사들은 현재 시제 명령형이다. 다시 말해, 당신은 아직 문을 열지 못했다. 계속해서 구하고, 계속해서 찾고, 계속해서 두드려야 한다. 물론 계속해서 귀찮게 하는 스팸 전화처럼 해서는 곤란하다. 내가 작은 비밀 하나를 알려 주겠다. 담대한 기도는 하나님을 높여 드리는 것이며, 하나님은 담대한 기도를 높이 평가하신다. 왜일까? 담대한 기도는 큰 믿음을 드러내기 때문이다.

두 가지 종류의 확신을 구분할 줄 알아야 한다. 하나는 자기 확신이고, 다른 하나는 거룩한 확신이다. 자신감 곧 자기 확신의 원천은 말 그대로 자기 자신이다. 반면, 거룩한 확신의 원천은 하나님의 성품이다. 우리는 하나님의 손이 일하시는 것을 볼 수 없을 때에도 그분의 마음을 신뢰한다. 우리는 하나님이 그분 앞에서 옳게 사는 이들에게 좋은 것을 절대 아끼지 않으신다는 사실을 알고 있다(시 84:11).

> "너희 중에 누가 아들이 떡을 달라 하는데 돌을 주며 생선을 달라 하는데 뱀을 줄 사람이 있겠느냐 너희가 악한 자라도 좋은 것으로 자식에게 줄 줄 알거든 하물며 하늘에 계신 너희 아버지께서 구하는 자에게 좋은 것으로 주시지 않겠느냐"(마 7:9-11)

나는 성탄절 이야기 중에서, 성탄절 선물로 여동생을 위한 벤저민 이야기를 좋아한다. 벤저민은 예수님께 편지를 쓰기로 결심했다. "예수님, 저는 정말 착하게 살았어요." 그는 편지 쓰기를 멈췄다. 그것이 새빨간 거짓말이라는 사실을 알았기 때문이다. 그래서 다시 이렇게 썼다. "예수님, 저는 꽤 착하게 살았어요." 하지만 생각해 보니 이것도 아닌 것 같았다. 그래서 벤저민은 편지를 구겨서 버리고는, 다른 방법을 쓰기로 했다. 크리스마스트리 아래에 놓인 조각상들 중에서 마리아상을 가져와 자기 침대 밑에 숨겨 놓고 다시 편지를 썼다. "예수님, 어머니를 다시 보고 싶다면…."

어리석은 짓이라고 웃어넘길지 모르지만 우리도 똑같은 짓을 하지 않는가? 노골적은 아니더라도 이와 똑같은 전술, 즉 뇌물과 공갈 전술을 사용한다. "하나님, 이렇게 해 주시면 저도 이렇게 할게요. 만약 이렇게 해 주시지 않으면 저도 이렇게 하지 않겠어요." 이런 우리에게 좋은 소식이 있는데, 하나님은 우리를 위해 상상도 할 수 없는 복을 이미 예비하고 계신다는 것이다. 물론 우리는 이 복을 받을 만한 자세를 취해야 한다. "부탁합니다"는 그 자세를 갖추기 위한 좋은 출발점이다.

우리가 기도하지 않은 일에 대해서는, 하나님은 반응하지 않으신다. 우리가 응답받지 못하는 이유는 하나님께 구하지 않기 때문이다(약 4:2).

하나님은 우리의 요청을 기뻐하신다. 단, 우리는 합당한 이유를 가지고 요청해야 한다. 한 가지 경고하고 싶다. 어떤 이들은 성공의 사다리를 오르느라 바빠서 그 사다리가 엉뚱한 벽에 기대어 있다는 것을 깨닫지 못한다. 이런 사람들에게 해 주고 싶은 조언이 있다. "기회를 찾지 마라. 하나님을 찾으면, 기회가 당신을 찾아올 것이다."

열려라, 참깨!

3.

적절한 시기에, 창의적으로, 웃으며 요청하기

웃어라. 웃음은 공짜 치료제다.
- 더글러스 호튼

　　조이 레이먼은 수백만 달러를 받고 아이디어를 파는 회사 브라이트하우스 설립자다. 그는《Mr. 아이디어》란 책에서 매우 독특한 고객 설득 사례를 소개했다. 그가 거래를 간절히 원했던 광고 회사를 놓고 다른 업체와 치열한 경쟁이 벌어졌다. 그 과정에서 그는 한가지 정보를 얻게 되었다. 그 광고 회사 임원들이 댈러스의 고급 식당인 까사미아에서 식사를 하고 있다는 것이었다. 조이 레이먼은 식당 지배인에게 그들의 음식 값을 대신 지불하고 멕시코 전통 악단을 고용해 그 임원들을 설득하는 노래를 부르게 했다. 두말할 것도 없이 그는 그 계약을 따냈다.[1]

요청은 고난도 기술이다. 제대로 하려면 깊은 고민이 필요하다. 나는 요청하기 전에 먼저 기도할 것을 추천한다. 적절한 말이라도 엉뚱한 타이밍에 하면 효과가 없다. 타이밍이 중요하다. 또한 어조도 중요하다. 나는 오디오북을 녹음할 때 미소를 지으려고 노력한다. 어찌 보면, 소리만 듣는 오디오북인데 미소 지을 필요까지는 없을 수도 있다. 하지만 미소를 지으면 어조가 바뀐다.

얘기가 나와서 말인데, 미소 이면의 과학은 매우 흥미롭다. 정확한 수치에 대해서는 저마다 이견이 있지만, 어떤 이들은 웃는 데 얼굴 근육 22개가 사용되는 반면 찌푸리는 데는 얼굴 근육 37개가 사용된다고 말한다.[2] 웃으면 에너지를 아낄 수 있다. 그러니, 웃어라. 웃으면 스트레스가 줄어들고, 면역력이 좋아지며, 혈압이 떨어지고, 장수하는 데 도움이 된다. 하지만 잠깐! 여기서 끝이 아니다. 웃으면 긍정적인 자세를 유지하고 자신감을 보이는 데 도움이 된다.[3]

아이들이 어렸을 때, 우리는 "너희 얼굴을 보면 너희 몸 상태를 알 수 있어"라는 말을 자주 하곤 했다. 얼굴 표정으로 기분을 바꿀 수 있다. 그저 찌푸린 얼굴을 펴기만 하면 된다.

연구에 따르면, 아이들은 대략 하루에 400번 정도 웃는 반면, 어른들은 하루 평균 20번 정도 웃는다고 한다. 아이에서 어른이 되면서 우리는 하루에 380번의 웃음을 잃는다. 그 웃음 중 일부라도 되찾아야 하지 않겠는가? 웃음을 되찾는 것은 어린아이처럼 된다는 것의 한 가지 의미다. 웃으면 얼굴 근육 42개뿐 아니라 그 근육들을 통제하는 7번 뇌신경도 잘 관리할 수 있다. 재미있는 사실이 있는데, 웃음이 우리를 더 매력적으로 보이게 만든다는 점이 과학적으로 증명되었다.[4] 웃음은 "부탁합니다"에 "정말"을 더하는 것과 같다.

다니엘서에서 전환점은 다니엘이 담대한 요청을 하는 순간이다. 다니엘은 실로 담대한 요청을 했다.

> "청하오니(please, 부탁합니다만) 당신의 종들을 열흘 동안 시험하여
> 채식을 주어 먹게 하고 물을 주어 마시게 한 후에"(단 1:12)

다니엘이 이 말을 웃으며 했는지는 알 수 없다. 그가 어떤 어조로 말했는지도 알 수 없다. 하지만 어쨌든 그는 "부탁합니다"라고 말했다. 그는 남들보다 열 배나 더 지혜와 총명이 많았다(단 1:20). 그의 아이큐는 꽤 높았을 것이 분명하다. 머리가 좋지 않았다면 3년 만에 바벨론의 문화와 언어를 공부할 수 없었을 것이다. 하지만 나는 그가 머리가 좋아서 총리로 올라갔다고 생각하지 않는다. 그가 거둔 성공은 "부탁합니다"라는 단순한 말을 했던 시점에서 시작되었다. 그는 "부탁합니다"라는 말 덕분에 열흘간의 금식을 허락받고 그 일로 두각을 나타낼 수 있었다.

대니얼 골먼은 "인생의 성공을 결정하는 요인 중 아이큐는 기껏

해야 20퍼센트만 영향을 미친다"라고 말했다. 나머지 80퍼센트는 감성지능에 달려 있다.[5] 감성지능은 다양한 능력을 통해 표현된다. 예를 들어, 감성지능이 높은 사람은 뭐든 스스로 하고, 반대가 있더라도 끝까지 밀고 나간다. 또한 감정적 충동을 통제하고, 기분을 조절할 줄 안다. 감성지능의 핵심은 공감이다. "미안합니다"의 사회학에서 이 내용을 다룰 것이다.

감성지능의 한 영역은 분위기를 파악하는 능력이다. 이것은 단지 해야 할 말을 하는 것으로 그치지 않는다. 이것은 그 말을 언제 어떻게 해야 할지를 아는 것이다. 다니엘은 "지혜와 총명"으로 말했다(단 2:14). 여기서 "총명"에 해당하는 히브리어는 '미각'을 의미한다. 포도주의 맛을 보고서 타닌, 포도주 통, 재배 고도, 생산 연도를 파악할 줄 아는 소믈리에처럼 다니엘은 분별력을 발휘하고 전략적으로 행동했다. 총명은 눈앞의 문제 뒤에 있는 근본 원인을 파악하는 능력이다. 총명은 부분들을 연결해서 전체를 이해하는 능력이다.

"부탁합니다"라고 말할 때는, 사람들이 이해할 수 있는 언어로 말해야 한다. 나는 가끔 에티오피아 식당에서 식사할 때 "아메세기날레후"(Ameseginalehu)라고 말한다. 이것은 '고맙습니다'라는 에티오피아의 공용어인 암하라어다. 내가 그렇게 말하면 암하라어를 사용하는 사람들의 얼굴이 환해진다. 왜일까? 내가 자기들의 언어로 감사를 전하고 있기 때문이다. "고맙습니다"라는 말을 제대로 하려면 우리가 말하고 있는 상대방의 성격을 이해해야 한다. 상대방의 에니어그램 번호는 무엇인가? 그가 사랑을 표현할 때 쓰는 언어는 무엇인가? 그것을 파악한 후에 상대방이 이해하고 인정하는 언어로 "부탁합니다"를 말해야 한다.

실천적인 내용으로 넘어가 보자. 효과적인 "부탁합니다"에는 세 가지 중요한 점이 있다. 이 세 가지 중에서 두 가지만 갖추어서는 원하는 결과를 얻을 수 없다. 세 가지 모두 필요하다.

"부탁합니다"는 명확해야 한다

무조건 모든 권한을 위임받으리라 기대하며 "부탁합니다"를 말해서는 안 된다. 대개 사람들은 그렇게 해 주지 않는다. 다른 단어들처럼 "부탁합니다"는 잘 정의되어야 한다. 상세할수록 효과적이다.

매릴린 매킨타이어는 *Caring for Words*(말조심하기)에서 이렇게 말했다. "말을 잘 관리하는 것은 고귀한 소명이다."[6] "부탁합니다", "미안합니다", "고맙습니다"라는 말에 대해서는 더더욱 그렇다. 매킨타이어는 학생들에게 '진보적인'(liberal), '보수적인'(conservative), '애국적인'(patriotic), '테러리스트'(terrorist), '크리스천'(Christian), 이렇게 다섯 단어의 정의를 써 오도록 숙제를 내주었다. 얼마 후 숙제를 확인한 매킨타이어는 말했다. "그들이 내린 정의가 얼마나 진부하고 그 범위가 얼마나 다양한지 충격적이었다."[7] 왜 충격적이라고 했을까? 한 단어에 대한 정의에 합의할 수 없다면 어떻게 대화를 하겠는가? 의미가 불명확한 단어는 공공 영역에서 극심한 분열을 낳기도 한다. 물론 반대 경우도 성립한다. 매킨타이어에 따르면, "동사들이 명확해야 글이 좋아진다."[8] "부탁합니다"에 대해서도 마찬가지다. "부탁합니다"의 의도가 명확할수록 더 좋은 결과가 나타난다.

다니엘의 "부탁합니다"가 얼마나 명확했는지를 눈여겨보라. 다니엘은 '채식'을 하겠다며 자신의 식단을 구체적으로 제시했다. 그는 그 기간도 열흘로 분명히 정의했다. 우리의 "부탁합니다"는 누가, 무엇을, 언제, 어디서, 왜 하는지에 관해서 명확해야 한다. 상대방이 무엇을 요청하는지를 명확히 알지 못하면 그 요청을 받아들이기 힘든 법이다.

예수님과 바디매오라는 시각장애인의 만남을 기억하는가? 예수님은 이렇게 말씀하셨다. "네게 무엇을 하여 주기를 원하느냐"(막 10:51). 얼핏 보면, 불필요한 질문 같지 않은가? 답은 너무도 분명해 보인다. 바디매오는 앞을 보기를 원했다. 그렇다면 예수님은 그것을 아시면서도 왜 그렇게 물으셨을까? 일단, 우리 대부분은 자신이 무엇을 원하는지 정확히 모른다. 만일 예수님이 우리에게 그렇게 물으셨다면 어땠을까? 갑작스러운 질문에 우리 중 많은 사람이 무슨 답을 해야 할지 몰라 멍한 표정을 지었을 것이다. 우리가 무엇을 왜 원하는지 명확하게 설명할 수 있기 전까지는 그것을 받을 준비가 돼 있지 않은 셈이다.

이 만남에서 얻을 수 있는 교훈이 마지막으로 한 가지 더 있다. 자기 마음대로 판단하지 말라는 것이다. 예수님도 그렇게 하시지 않았다. 여기서 예수님이 행하신 일에 중요한 점이 있다. 예수님은 그 남자가 원하는 바를 스스로 말하게 하셨다. 우리가 원하는 바를 스스로 말하면 그것을 마음에 새기게 된다. 심리학에서는 이것을 생성 효과(generation effect)라고 부른다. 우리는 소리 내어 말하고 글로 쓴 것을 더 잘 기억한다.

"부탁합니다"는 시기적절해야 한다

잠언 기자는 이렇게 말한다. "때에 맞는 말이 얼마나 아름다운고"(잠 15:23). 때가 적절하지 않으면 어떤 말도 적절하지 않다. "이른 아침에 큰 소리로 자기 이웃을 축복하면 도리어 저주같이 여기게 되리라"(잠 27:14).

내가 인생에서 정말 힘든 시기를 지날 때 한 목사님이 내 어깨에 손을 얹고 기도해 준 적이 있다. 그는 기도 중에 "하나님이 당신을 크게 쓰실 겁니다"라고 예언했다. 그 말은 내 인생의 행로를 크게 바꿔 놓았다. 시드니 포이티어가 그에게 글을 가르쳐 준 유태인 웨이터에게 큰 빚을 졌듯, 나는 그 목사에게 큰 빚을 졌다. 그 은혜를 어떻게 갚아야 할까? 지금 나도 내 예언의 은사를 사용해서 남들에게 생명을 주는 말을 해 주고 있다.

격려의 말과 예언의 말은 어떻게 다른가? 예언의 말은 성령의 감동으로 나오는 말이며, 대개 누군가가 그 말을 가장 필요로 할 때 전달된다. 이 말도 명확할수록 강력하다.

작가로서 나는 다른 누군가도 작가의 능력이 있음을 알아보고는 한다. 때로는 그 사실을 알아봐 주는 사람이 한 명만 있어도 된다. 가끔 나는 누군가 안에 이미 책이 들어 있음을 알아보고 그 책을 밖으로 꺼낼 수 있게 돕는다. 내 친구 캐리 뉴워프는 팟캐스트 방송으로 많은 지도자들을 격려하고 있다. 최근 그는 *At Your Best*(당신의 전성기에)라는 책을 출간했다. 나는 그 책을 단숨에 끝까지 읽었는데, 내 이름을 발견하고서 적잖이 놀랐다. 그 책에서 뉴워프는 감사하게도 내 이름을 언급해 주었다. "이 책의 개념을 처음 소개한 것은 2015년 워싱턴 DC에서 마크 배터슨의 교역자들에게 메시지를 전할 때였다." 그 순간을 똑똑히 기억한다. 그때 나는 뉴워프에게 분명하게 말했다. "부탁합니다만, 다음 책은 꼭 이 개념에 관해서 쓰셨으면 좋겠습니다." 성령의 영감으로 전한 예언적인 "부탁합니다"보다 강력한 것은 별로 없다.

"부탁합니다"는 개인적이어야 한다

나의 장인어른과 장모님인 밥 슈미갈과 카렌이 1967년 교회를 개척했을 때 교단 감독 부부가 방문한 적이 있었다. 개척 멤버들은 대학생들로 구성되어 있었기 때문에 다들 핫도그와 포테이토칩과 과일 음료수만 먹고 살았다. 교단 감독 부부인 클라크와 에스텔은 오는 길에 마트에 들러 개척 멤버 전원이 먹을 수 있을 만큼의 스테이크와 구운 감자와 아이스크림을 사 왔다. 그리고 며칠 뒤 장모님은 택배로 선물까지 받았다. 50년이 지난 지금도 장모님은 그때 받은 전기 칼을 소중히 여기며 사용하고 있다.

마음이 담긴 선물을 받은 적이 있는가? 그런 선물은 평생 잊을 수 없다. 팀 켈러나는 뉴욕 타임스스퀘어교회의 담임목사다. 내 아내 로라가 암과 사투를 벌일 당시 팀과 그의 아내 신디는 로라에게 팔찌를 선물했다. 로라는 그때부터 매일 그 팔찌를 차고 있다. 팀 부부는 로라에게 팔찌만 준 것이 아니라 그녀를 기도 목록에 추가했다. 여러 달 뒤 팀은 말했다. "우리는 로라를 위해 하루도 빠짐없이 기도하고 있습니다."

우리의 "부탁합니다"는 개인적이어야 효과적이다. "부탁합니다"에 우리의 개인적인 관심을 불어넣어야 한다. 우리의 "부탁합니다"는 마음에서 우러나와야 한다.

오래전 나는 중고등부 목회자를 위한 집회에서 메시지를 전해 달라는 요청을 받아들였다. 솔직히 그것은 내 전문 분야와 좀 거리가 있었다. 나는 중고등부 사역을 해 본 적이 없었기 때문이다. 그런데 내가 왜 그 요청을 수락했을까? 주최 측에서 판지로 실물과 똑같은 크기의 내 사진을 만들어 보내 왔기 때문이다. 그렇게까지 성의를 보이는데 어떻게 거절할 수 있겠는가? 조금만 노력하면 큰 효과를 거둘 수 있다. 성의 없는 요청은 아무 의미 없는 일일 뿐이다. 하지만 개인적인 관심을 담아 "부탁합니다"라는 말과 함께 요청하면 무시하기 힘들다. 개인적인 관심을 담을수록 더 기억에 남는다.

내 친구 자비스 글랜저는 미네소타주에서 목회하고 있다. 나는 미네소타주 미니애폴리스에서 어린 시절을 보냈고, 그 시절 우리 가족은 미네소타주 알렉산드리아 근처 아이다호로 휴가를 가곤 했다.

나는 열아홉 살에 고향 미네소타주에서 하나님이 나를 목회자로 부르심을 느꼈다. 기도를 하며 어떤 소목장 옆을 지나가다가 귀에 들리지는 않지만 너무도 분명한 하나님의 음성을 느꼈다. 그 소목장은 내게 거룩한 땅이다. 그런데 무슨 계기가 있었던 것인지는 모르지만 글랜저가 예술 작품 하나를 의뢰 제작해서 내게 보내 주었다. 그것은 내가 목회자로 부르심을 받았던 곳의 위도 및 경도와 함께 아이다호를 목판에 에칭으로 새긴 지도였다. 이렇게 개인적인 관심을 담아 마련한 선물보다 더 의미 있는 선물은 없다.

우리 모두는 창의적이다. 그것을 어떻게 알 수 있는가? 변명할 때 창의적이지 않은 사람을 한 번도 본 적이 없기 때문이다. 이것은 성화되지 않은 창의성이라고 할 수 있겠다. 그런데 우리가 "부탁합니다", "미안합니다", "고맙습니다"에 관해서 창의성을 발휘하면 어떤 일이 벌어질까? 세상이 훨씬 더 좋은 곳으로 변할 것이다.

에밀리 디킨슨은 말했다. "진실을 모두 말하되 에둘러서 말하라."[9] 나는 이렇게 조언하고 싶다. "부탁합니다"라고 말하되 에둘러서 말하라. 즉 개인적인 관심을 담아서 독특한 색깔을 입혀 말하라.

4.

내 잘못이 아니어도 책임지는 용기를 내다

그를 현재 그 모습으로 대하면, 그 모습 그대로 있을 것이다.
그가 될 수 있고 되어야만 하는 사람으로 대하면,
그는 자신이 될 수 있고 되어야만 하는 사람이 될 것이다.
- 요한 볼프강 폰 괴테, 《빌헬름 마이스터의 수업 시대》에서 발췌 수정

나이를 먹으면서 자신을 바라보는 시각이 변한다. 12세 전까지
는 자신을 꽤 긍정적으로 본다. 그러다 십대 시절에는 자존감이 바
닥까지 떨어진다. 이는 다 아는 사실이다. 내적인 변화도 힘들지만,
외적으로 또래에게 받는 사회적 압박은 견딜 수 없이 힘들다. 십대
들은 튀는 동시에 무리에 섞이려는 강한 욕구를 느낀다. 게다가 소
셜 미디어는 이 상황을 더 악화시킨다. 이 와중에 좋은 소식이 있다

면 우리의 자존감은 70세까지 꾸준히 올라간다는 것이다. 우리 대부분은 65세에 자존감이 9살 때만큼이나 높아진다.[1]

이것이 "부탁합니다"의 심리학과 무슨 관련이 있을까? 우리가 타인을 어떻게 대하는지는 자신에 관해서 어떻게 느끼는지에 달려 있다. 상처 입은 사람은 자신의 고통을 투사함으로써 타인에게 상처를 입힌다. 그들은 자신의 부정적인 모습을 타인에게서 찾아 비판한다.

예수님이 말씀하신 가장 큰 계명에는 우리가 자주 간과하는 세 번째 차원이 있다. 우리는 "하나님을 사랑하라"라는 말씀을 잘 알고 있다. "이웃을 사랑하라"라는 말씀도 마찬가지다. 그런데 "이웃을 네 자신처럼 사랑하라"에서는 약간 혼란이 생긴다. 여기서 우리가 놓치지 말아야 할 점은 자신을 좋아하지 않으면 다른 사람을 사랑하기 어렵다는 것이다. 여기서 내가 말하는 "좋아하다"는 소셜 미디어의 "좋아요"가 아니다.

페이스북에 근무했던 프랜시스 하우건은 소셜 미디어의 부정적인 영향에 관해 미국 상원 위원회에서 증언한 바 있다. 당시 그 일은 대서특필되었다. 자신의 몸에 자신감이 없는 십대 소녀들의 2/3는 인스타그램이 열등감을 더 악화시켰다고 말했다.[2] 이것은 너무도 당연한 결과다. 소셜 미디어 피드들은 이국적인 장소에서 대단한 일을 하는 몸짱들의 사진으로 가득하다. 우리는 무의식적으로 그들과 자신을 비교할 수밖에 없다. 그러면 갑자기 거울 속의 자신이 보기 싫어진다. 이것을 상향식 반사실적 사고(upward counterfactual thinking)라 부른다.

자신을 남들과 부정적으로 비교하는 경향은 모든 연령대에 존재하지만, 십대에서 특히 두드러진다. 한 십대는 이렇게 말했다. "자신감이 생길 때마다 인스타그램에 접속하면 모든 자신감이 사라져 버린다."[3]

최근 연구에 따르면 미국인의 64퍼센트는 소셜 미디어가 미국에 부정적인 영향을 미친다고 생각한다.[4] 이것은 전혀 놀라운 사실이 아니다. 처음에는 우리가 도구를 형성하지만 나중에는 도구가 우리를 형성한다는 말이 있다. 소셜 미디어의 경우, 서로 멀리 있다는 사실이 우리를 악마로 만든다. 우리는 상대방과 대면해서는 절대 하지 못할 말을 온라인에서는 서슴없이 한다. 현실에서 그런 말을 하면 아마 주먹이 날아올 것이다.

소셜 미디어가 우리에게 그토록 나쁜 영향을 미친다면 왜 우리는 그 콘텐츠들을 소비하는 데 그토록 많은 시간과 에너지를 사용하는가? 답은 암울한 뉴스만을 강박적으로 확인하는 둠스크롤링(doomscrolling) 현상에 있다. 나방이 불에 이끌리듯 우리는 심리적으로 부정적인 뉴스에 더 끌린다. 모든 뉴스의 90퍼센트가 부정적인 뉴스라는 사실을 아는가?[5] 제목에 '나쁜' 혹은 '최악의' 같은 부정적인 단어를 사용하는 뉴스가 긍정적인 단어를 사용하는 뉴스보다 대중의 관심을 사로잡는 데 30퍼센트 더 효과적이다. 실제로 조회 수는 60퍼센트 이상 더 높다.[6] 이런 부정성 편향은 우리가 생각하는 것보다 훨씬 더 심각하다. 이스라엘 백성이 오랫동안 약속의 땅에 들어가지 못한 것은 바로 부정적인 소식 때문이었다. 부정적인 사람 열 명이 국가 전체를 40년간 약속의 땅 바깥에 묶어 두었다.

낙천주의자의 지나친 긍정성을 옹호하는 것은 아니다. 우리가 '생존하기' 위해서는 부정적인 피드백도 필요하다. 부정적인 피드백이 없으면 같은 실수를 계속해서 되풀이하게 된다. 하지만 '번영하기' 위해서는 긍정적인 피드백도 필요하다. 쉽게 말해, 더 많이 드러났으면 좋겠다고 생각하는 것에 대해 칭찬하라. 바울은 에베소 교인들에게 보낸 편지에서 이런 접근법을 권장했다.

> "무릇 더러운 말은 너희 입 밖에도 내지 말고 오직 덕을 세우는 데 소용되는 대로 선한 말을 하여 듣는 자들에게 은혜를 끼치게 하라"(엡 4:29)

이 원칙은 직접 대면해서 말을 하든지 문자를 주고받든지 동일하게 적용된다. 직접 얼굴을 보고서 할 수 없는 말이라면 어떤 경우에도 하지 말라. 이렇게 하기가 말만큼 쉽지 않다는 것을 잘 안다. 하지만 바울은 그렇게 하라고 강하게 권고한다. 소셜 미디어의 문제점은 거짓 익명성을 만들어 낸다는 것이다.

신기술을 반대하는 러다이트(Luddite)처럼 보일지 모르지만, 나로서는 소셜 미디어의 의도치 않은 결과들이 심히 걱정스럽다. 일단, 나는 우리 인간이 모든 것을 실시간으로 알도록 설계되지 않았다고 생각한다. 모든 것을 실시간으로 알려는 것은 선과 악을 알게 하는 나무의 열매를 먹는 것과도 같다. 어쩌다 우리는 필터링을 거치지 않은 미디어를 끝없이 소화하고도 아무런 영향을 받지 않을 수 있다는 생각을 하게 되었는가? 또한 소셜 미디어에 글을 올린 것만으로 자신이 실제 뭔가를 했다고 착각하는 사람들이 있다. 하지만 그것은 대부분 실제로 그렇지 않으면서 자신이 도덕적인 사람이라고 과시하는 것에 불과하다.

반세기 전, 커뮤니케이션 교수인 조지 거브너는 인지 편향을 기술하기 위해 '잔인한 세계 증후군'(mean-world syndrome)이라는 용어를 만들었다.[7] 텔레비전에서 폭력물에 많이 노출되면 세상을 실제보다 더 위험한 곳으로 보게 된다는 것이다.[8] 그러나 나는 소셜 미디어에서 그러는 것만큼 사람들이 잔인하다고 생각하지 않는다. 물론 트롤링, 악플, 괴롭힘, 조롱은 어떤 경우에도 정당화될 수 없다. 소셜 미디어가 당신에게 부정적인 영향을 끼치고 있다면 이를 끊도록 용기를 내 보라. 최소한, 부정적인 소식을 실어 나르는 자들과는 관계를 끊으라.

솔직하게 답해 보라. 당신의 생각과 말과 행동 중 몇 퍼센트가 당신이 소비하는 소셜 미디어를 다시 토해 낸 것인가?

쓰레기를 넣으면 쓰레기가 나온다는 말이 있다. 이것은 당연한 말이지만, 솔직히 말해 우리 대부분은 자신이 이 법칙에서 예외인 것처럼 행동한다. 우리는 나쁜 것을 먹고도 아무런 영향을 받지 않는다고 생각한다. 우리는 잠을 다섯 시간밖에 자지 않고도 아무 이상 없이 생활할 수 있다고 생각한다. 우리는 성경책이 선반 위에서 썩게 놔두고도 하나님의 음성을 들을 수 있다고 생각한다. 여기서 속보를 전한다. 당신은 특별한 사람이 아니다. 당신도 여느 사람들처럼 먹는 것의 영향을 받는다. 당신도 여느 사람들처럼 읽는 것의 영향을 받는다. 당신도 여느 사람들처럼 보는 것의 영향을 받는다. 계속해서 나열할 수 있지만 이제 당신은 무슨 말인지 이해했으리라 생각한다.

아이러니하게도 소셜 미디어가 앤티 소셜(anti-social: 반사회적)인 경우가 너무 많다. 소셜 미디어는 우리 문화의 분위기를 바꿔 놓았다. 우리 사회는 소셜 미디어로 인해 더 심하게 분열되고 더 정치적으로 변했다. 소셜 미디어로 인해 정중함은 멸종 위기종처럼 여겨진다. 다만 좋은 소식이 있다면, 이런 상황에서 우리의 "부탁합니다"는 전에 없이 강력한 힘을 발휘한다는 것이다.

"부탁합니다"는 담을 허물고 공통 기반을 찾는 길이다.

"부탁합니다"는 의견이 다른 사람에게도 존중심을 보이는 길이다.

"부탁합니다"는 공공 영역에서 공손함을 회복시키기 위한 길이다.

나는 꿈을 잘 기억하지 못하는데 몇 년 전 꿈이 뇌리에서 지워지질 않는다. 아주 짧은 꿈이었다. 꿈속에서 나는 예수님의 재판이 진행되는 광경을 보았다. 빌라도는 예수님이 모함을 받았을 뿐 무고하다는 사실을 알고 있었다. 하지만 그는 여론이 두려워 손을 씻어 책임을 면하고자 했다. 문제는 '행동하지 않음'도 엄연한 행동이며 '결정하지 않음'도 엄연한 결정이라는 것이다. 빌라도가 손을 씻고 있는데 한 음성이 들렸다. "빌라도처럼 손을 씻지 말고 예수님처럼 발을 씻어 주라." 그 순간 나는 잠에서 깼다.

발을 씻어 주는 것은 예수님 당시 신분이 가장 낮은 종이 하는 일이었다. 하지만 예수님은 그와 상관없이 그 일을 하셨다. 그분은 자신의 책임이 아닌 일에 책임을 지셨다. 그분은 겸손함으로 권위를 발휘하셨다. 바로 이것이 예수님의 특별한 점이다.

예수님처럼 하면 얼마나 많은 논쟁이 끝나겠는가?

예수님처럼 하면 얼마나 많은 갈등이 해소되겠는가?

예수님처럼 하면 얼마나 많은 관계가 회복되겠는가?

그러나 빌라도는 예수님과 정반대로 행동했다. 그는 "내 책임이 아니다"라는 뜻으로 손을 씻었다. 이런 책임 회피는 그 옛날 가인에게로 거슬러 올라간다. "내가 내 아우를 지키는 자니이까?"(창 4:9).

C. S. 루이스는 말했다. "빌라도는 자비로웠다. 단, 상황이 위험해지기 전까지만 그랬다."[9] 빌라도는 예수님이 무죄라는 사실을 알았다. 그러나 그는 대중의 비위를 맞추는 사람이었다. "빌라도가 무리에게 만족을 주고자 하여 바라바는 놓아주고"(막 15:15).

빌라도처럼 사람들의 비위를 맞추며 살던 내가 그렇게 살지 않기로 결심한 과정에서 배운 몇 가지 교훈이 있다.

어리석은 사람이 한 모욕은 사실 칭찬일 수 있고, 어리석은 사람이 한 칭찬은 사실 모욕일 수 있다. 누가 한 말인지 신중히 판단해야 한다. 빌라도는 엉뚱한 사람들, 즉 종교 지도자들을 두려워했다. 그래서 그는 "예수를 십자가에 못 박게 하소서"라고 외치는 대중의 압박에 굴복했다(막 15:14).

이 상황에서 내가 하고 싶은 조언은 바리새인들의 기분을 상하게 하라는 것이다. 예수님은 주기적으로, 의도적으로 그렇게 하셨다. 예수님은 주중 아무 때나 병자를 치유하실 수도 있었는데 굳이 안식일에 그렇게 하셨다. 왜 그러셨을까? 일석이조의 효과를 얻기 위해서다. 예수님은 눈먼 채로 태어난 사람을 치유하시는 동시에 스스로 옳다고 하는 바리새인의 위선을 지적하셨다(요 9장).

모순처럼 보여서 오랫동안 이해하기 어려웠던 잠언 구절이 있는데, 그 모순 사이의 긴장 속에 진리가 숨어 있었다. 잠언 26장 4절은 "미련한 자의 어리석은 것을 따라 대답하지 말라"라고 말씀한다. 그런데 바로 다음 구절은 이렇게 말한다. "미련한 자에게는 그의 어리석음을 따라 대답하라." 대체 어떻게 하라는 것인가? 대답해야 하는가? 아니면 대답하지 말아야 하는가? 잠언 26장 4절 후반절은 "두렵건대 너도 그와 같을까 하노라"라고도 말한다. 미안한 말이지만, 어리석은 사람을 상대하고 있다면 당신은 진퇴양난에 처한 셈이다. 이렇게 해도 문제이고 저렇게 해도 문제다.

몇몇 사람을 항상 만족시킬 수는 있고 모든 사람을 가끔 만족시킬 수는 있지만, 모든 사람을 항상 만족시킬 수는 없다. 당신의 이름이 모세이고 하나님이 손가락으로 직접 글을 새겨 주신 돌판을 들고 시내 산에서 내려온다 해도 마찬가지다. 어떻게든 저항을 만나게 되어 있다. 혁신 확산 이론에서는 사람들이 신기술을 받아들이는 패턴을 종 모양 곡선으로 설명한다. 즉 종 모양 곡선의 한쪽 끝에는 16퍼센트의 얼리 어답터(Early Adopter)가 있다. 우리는 얼리 어답터를 사랑한다. 그들은 아무런 토를 달지 않고 우리를 따라오기 때문이다. 종 모양 곡선의 반대쪽 끝에는 16퍼센트의 늦깎이가 있다.[10] 그들은 늘 변화를 거부한다. 지도자로서는 답답할 수밖에 없다. 하지만 나는 그들이 나의 비전을 다듬어 가도록 도와주기 때문에 그들을 존중하는 법을 배웠다.

당신이 만약 늦깎이를 대하고 있다면 "부탁합니다"를 몇 번 더해야 한다. 그들의 타고난 성향은 "안 됩니다"라고 말하는 것이다. 하지만 그로 인해 그들을 비난할 수는 없다. 그들은 원래 그런 성향을 갖고 태어났기 때문이다. 냉소적이거나 회의적인 태도가 좋다는 말은 아니다. 냉소주의나 회의주의는 믿음이 부족한 것을 그럴듯하게 포장한 말일 뿐이다. 순종을 미루는 것은 곧 불순종이다. 나는 냉소주의자들에게 면죄부를 주려는 것이 아니다. 다만 우리는 요청하는 대상의 성격에 맞추어서 "부탁합니다"를 말해야 한다.

수년 전 한 콘퍼런스에서 어윈 맥머너스는 "비난의 화살이 우선 성경의 필터를 통과하기 전에는 당신의 마음을 뚫지 못하게 하라"라고 말했다. 비난의 화살이 성경의 필터를 통과한다면, 곧 성경의 기준에 맞는다면 우리는 회개해야 한다. 모든 비난을 면할 수 있는 사람은 없다. 만약 비난의 화살이 성경의 필터를 통과하지 못한다면, 곧 성경의 기준에 맞지 않는다면, 그 비난을 마음에 담아 두어 쓴 뿌리가 자라게 하지 말라. 우리는 다른 사람들의 조언은 듣지 않으면서 왜 그들의 비난은 그렇게 쉽게 받아들이는 걸까?

나는 이렇게 조언하고 싶다. 예수님이 못 박힌 손으로 쳐 주시는 박수를 받기 위해 살라. 칭찬을 먹고사는 사람이라면, 비판받는 것을 감당하지 못할 것이다. 비판은 대부분 게으른 해결책이다. 비판하려면, 무언가를 창조함으로써 비판하라. 더 좋은 책을 쓰라. 더 좋은 영화를 만들라. 더 좋은 법안을 마련하라. 더 좋은 회사를 세우라. 어떻게? 성령의 도우심으로 그렇게 하라.

다른 사람을 화나게 할까 봐 염려하는가? 사람들을 화나게 할까 봐 염려하며 행동하는 사람은 하나님을 화나게 할 것이다. 하나님을 화나게 할까 봐 염려하며 행동하는 사람은 사람들을 화나게 할 것이다. 우리는 양쪽을 다 만족시킬 수 없다.

당신은 손을 씻고 있는가? 아니면 발을 씻어 주고 있는가?

> "예수는 아버지께서 모든 것을 자기 손에 맡기신 것과 또 자기가 하나님께로부터 오셨다가 하나님께로 돌아가실 것을 아시고 저녁 잡수시던 자리에서 일어나 겉옷을 벗고 수건을 가져다가 허리에 두르시고"(요 13:3-4)

시간과 재능, 재물까지 우리가 가진 모든 것이 하나님이 주신 선물임을 알면 거들먹거리지 않고 기꺼이 남들의 발을 씻어 줄 수 있다. 모든 것이 하나님께로부터 온 것이요, 하나님을 위한 것임을 알기 때문이다. "부탁합니다"는 권위를 내세우지 않는 것이다. "부탁합니다"는 권리를 포기하는 것이다. "부탁합니다"는 비난의 화살을 남에게 돌리지 않고 자신이 기꺼이 책임을 지는 것이다. "부탁합니다"는 수건을 허리에 두르고 다른 사람의 발을 씻어 주는 것이다.

우리는 본능적으로 우위를 점하려고 한다. 하지만 이는 끝없는 주도권 쟁탈전을 낳을 뿐이다. 우위 이야기가 나온 김에 말하자면, 악수하는 모습만 봐도 그 사람에 관해서 생각보다 많은 것을 알 수 있다. 일단, 손을 꼭 쥐며 악수하는 것은 확신과 존경을 보내는 것이다. 손을 잡는 둥 마는 둥 하는 악수는 불안과 소심함의 표현이다. 따라서 상대방의 손을 꼭 잡고 그의 눈을 바라보며 악수를 하라. 이때 미묘하지만 중요한 차이점이 있다. 자신의 손바닥을 약간 아래로 향하게 하면 자신이 우위에 있어 지배하고 있음을 함축한다. 자신의 손바닥을 약간 위로 향하게 해서 악수를 한다면, 자신이 복종하고 있음을 함축한다. 별것 아닌 것처럼 보이지만, 마치 이것은 1인칭 대명사처럼 많은 의미를 내포한다.

"부탁합니다"는 남에게 우위를 양보하는 것이다. "부탁합니다"는 겸손의 자세다. "부탁합니다"는 자신의 취향을 내려놓는 것이다. "부탁합니다"는 남에게 우선권을 주는 것이다. "부탁합니다"는 자기 손바닥을 약간 위로 향하게 해서 악수하는 것이다. 예수님은 다른 사람을 섬기는 사람이 '큰 자'라고 하셨다(마 23:11). 어쩌면, 정말 어쩌면, 가장 많은 힘을 가진 자가 "부탁합니다"를 가장 자주 말해야 하지 않을까?

사울을 기억하는가? 그는 불안감 때문에 자신을 위한 기념비를 세웠다. 발을 씻어 주는 것은 정반대의 행위다. 예수님은 불안감이 조금도 없으셨다. 예수님은 자신의 권세가 하나님께로부터 왔다는 사실을 분명히 아셨고, 그로 인해 겸손하게 행하실 수 있었다.

예수님은 제자들에게 높은 자리를 차지하지 말고 가장 낮은 자리로 가라고 명령하셨다. 다시 말해, 손바닥을 위로 향하게 해서 악수를 하라고 하신 것이다. 자기 뜻대로 할 힘이 있다 해도 우리는 "부탁합니다"라고 말해야 한다. 그 무엇도 당연하게 받아들여서는 안 된다. 우리는 빌린 시간으로 살고 있기 때문이다. 우리는 빌린 숨으로 숨 쉬고 있다. 우리의 재능도 하나님께 빌린 것이다. 잠재력은 하나님이 우리에게 주신 선물이다. 우리가 이 잠재력으로 하는 일은 곧 하나님께 돌려 드리는 우리의 선물이다.

우리 교회에서는 "긍정적인 가정(assumption)으로 공백을 채우라"라고 말한다. 사람들의 미심쩍은 점을 좋은 쪽으로 생각해 보라. 그 '무죄 추정의 법칙'이 항상 들어맞는가? 그렇지는 않다. 어떤 이들은 우리를 실망시킬 것이다. 하지만 전반적으로 사람들은 우리의 기대대로 행동한다. 예수님만큼 누군가의 잠재력을 잘 발견하는 분은 없다. 왜일까? 예수님은 애초에 사람들에게 잠재력을 주신 분이기 때문이다.

당신은 사람들을 어떻게 대하고 있는가?

우리 집에는 더없이 귀엽고 작은 코카푸 강아지 넬라가 있다. 넬라는 꼬리만 흔들지 않는다. 아예 온몸을 흔든다. 내가 5분만 밖에 나갔다 돌아와도 넬라는 마치 나를 몇 주 동안 보지 못한 것처럼 온몸을 세차게 흔든다. 그리고 나서 앞발로 나를 와락 껴안는다. 나를 너무 사랑하기 때문이다. 그런 넬라를 도무지 사랑하지 않고는 배길 수 없다. 우리가 사람들을 만날 때 우리 온몸을 흔들 필요는 없지만, 인간의 가장 좋은 친구인 개에게도 배울 점은 있다.

"사람이 선을 행할 줄 알고도 행하지 아니하면 죄니라"(약 4:17). 이것을 태만의 죄라고 한다. 빠져나갈 구멍은 없다. 다른 사람이 문제인 것처럼 자기 손을 씻는 일은 그만두라. 다른 사람의 발을 씻어 주기 시작하고서 문이 열리는지를 보라. "부탁합니다"는 사람들의 비위를 맞추는 것이 아니다. 수건을 허리에 두르고 다른 사람의 발을 씻어 주기 위해서는 큰 용기가 필요하지만, 그렇게 할 때 엄청난 효과가 있다.

당신은 책임을 피하기 위해 손을 씻고 있는가?

아니면 자기 책임을 다하려고 다른 사람의 발을 씻어 주고 있는가?

5.

우리를 귀히 여기시는 은혜의 말씀을 붙들다

말을 조심하는 것은 도덕적인 문제다.
- 매릴린 매킨타이어,
Caring for Words in a Culture of Lies(거짓말 문화에서 말조심하기)

스위스 의사이자 상담자인 폴 투르니에가 만성적인 열등감과 허무함에 시달리던 환자를 치료했던 이야기를 한 적이 있다. 상담 중에 그 환자는 어릴 적에 어머니가 아버지에게 자기를 놓고 했던 말을 엿들었던 일을 이야기했다. "저 아이를 낳지 말았어야 해요!"[1] 그 말로 인한 상처는 수십 년이 지난 후에도 치유되지 않았다. 그 말은 단순히 부주의한 말이 아니라 저주였다.

우리는 모두 자신에 관한 수치스러운 말의 대본을 가지고 있다. "나는 아무도 원하지 않는 존재야. 나는 무가치한 사람이야. 나는 사랑받을 만한 존재가 아니야." 축복은 이 대본을 그와 반대되는 말들로 바꿔 놓을 수 있다. 기억하는가? 우리의 말은 세상을 창조한다. 예언적인 말 한마디가 내러티브 전체를 고쳐 쓸 수 있다! 좋은 쪽으로든 나쁜 쪽으로든 우리의 말은 파급 효과를 만들어 낸다.

미국프로미식축구리그(NFL) 스타인 브렛 파브(Brett Favre)는 한 번도 공개한 적 없던 자신의 이야기를 명예의 전당에 입성할 때 했다. 그가 고등학생이었을 때, 그의 아버지는 그의 미식축구 코치이기도 했다. 한번은 그가 형편없는 경기력을 보인 적이 있었다. 그 경기 후에, 그는 아버지의 사무실 밖에 앉아 있다가 아버지가 다른 코치들에게 하는 말을 들었다. "내 아들에 대해 나는 확실하게 말할 수 있어. 브렛은 더 잘하게 될 거야. 브렛은 실수를 만회할 거야. 내 아들은 누구보다도 내가 잘 알아. 브렛에겐 큰 잠재력이 있어."

브렛 파브는 아버지의 말대로 계속해서 더 잘하게 되어, 결국 프로미식축구 명예의 전당에 올랐다. 그는 이렇게 말했다. "아버지 말씀을 단 한 번도 잊은 적이 없습니다. 나는 운동하는 내내, 내 실수를 만회하기 위해 노력했습니다."[2] 우리가 우리 자신을 믿는 것보다 우리를 더 많이 믿어 주는 사람이 필요하다. 브렛 파브에게 그 사람은 바로 아버지였다. 아버지는 그를 절대 포기하지 않았다.

좋은 쪽으로든 나쁜 쪽으로든, 우리 말은 그대로 이루어지는 예언이다. 다른 사람에게 높은 기대감을 표현하는가? 아니면 그가 잘하리라고 전혀 기대하지 않는가? 당신의 말은 남들에게 생명을 주고 있는가? 아니면 남들에게서 생명을 빼앗고 있는가? 당신의 말은 남을 격려하는 말인가? 아니면 기를 꺾는 말인가?

나는 당신의 직업을 모른다. 하지만 어떤 직업을 가졌든지 간에 당신은 예언자다. 당신의 말은 중요하다. 당신의 말은 무게를 지니고 있다. 당신의 말은 다른 사람을 살리거나 죽일 수 있는 힘이 있다. 당신의 직업 뒤에 하이픈을 붙이고 싶다. 당신은 의사-예언자다. 당신은 교사-예언자다. 당신은 바리스타-예언자다. 당신은 택시 운전사-예언자다. 부모도 마찬가지다. 평범한 부모라도 자녀를 위해 기도하면 자녀의 운명에 영향을 미치는 예언자가 된다. 내게 예언해 주었던 목사를 기억하는가? 내가 그 목사를 만난 것은 그때가 처음이자 마지막이었지만 그의 말 한마디는 내 인생을 180도 바꿔 놓았다. "하나님이 당신을 크게 쓰실 겁니다."

히브리어로 '라손 하라'(lashon hara)는 다른 사람에게 해를 끼치는 험담을 의미한다. 그런 말은 결코 해서도, 들어서도 안 된다. 세상에 라손 하라가 처음 나타난 사건은 뱀이 에덴동산에서 하나님의 선하심을 비방한 일이다. 약속의 땅에 관해 부정적인 소식을 가져온 정탐꾼들도 라손 하라의 죄를 지었다. 그들은 하나님을 불신하는 말을 했고, 그로 인해 온 나라의 사기가 땅에 떨어졌다. 그들의 부정적인 말로 한 세대 전체가 대가를 치르게 되었다.

고백하고 싶은 일이 있다. 나는 누구보다도 불평을 많이 한다. 불평하기는 정말 쉽지 않은가? 자신의 감정을 말로 표현하는 것은 괜찮지만, 감정을 표현하는 것과 험담을 하는 것은 미묘하지만 분명히 다르다. 이 미묘한 선을 넘으면 라손 하라가 된다.

이스라엘 백성이 광야를 헤맬 때 아론과 미리암은 모세에게 화가 났다. "미리암과 아론이 모세를 비방하니라"(민 12:1). 하나님이 이 말을 들으셨고 결국 미리암은 나병에 걸렸다. 이 병이 미리암의 마음 상태와 관련이 있었을까? 확신할 수는 없다. 하지만 우리의 말이 세상을 창조한다면 우리의 외적인 현실은 내적 태도의 영향을 받는다. 유대인들에게는 라손 하라를 말하는 것이 허락되지 않았다. 왜일까? 말은 엄청난 힘을 지니고 있기 때문이다.

유대에 한 여성에 관한 이야기가 있다. 이 여성은 랍비를 찾아가 다른 사람에 관해 헛소문을 퍼뜨리는 버릇이 있다고 고백했다. 그러자 랍비는 그 여성에게 두 가지 과제를 주었다. 첫 번째 과제는 베개에서 깃털을 꺼내 마을의 모든 집 문 앞에 하나씩 두는 것이었다. 그 과제를 마친 여성이 랍비를 다시 찾아가 물었다. "두 번째 과제는 무엇입니까?" 그러자 랍비는 이렇게 말했다. "그 깃털을 모두 회수해 오시오." 여성은 말했다. "선생님, 그건 불가능합니다. 깃털은 바람에 멀리 날아가 버렸을 겁니다." 그러자 랍비는 이렇게 설명했다. "물론 그럴 거요. 그 깃털을 다시 모으는 것은 당신이 한 가혹한 말을 주워 담는 것만큼이나 불가능한 일이오. 앞으로 말을 할 때는 이 점을 꼭 기억하길 바라오."

당연한 말이지만, 해서는 안 될 말이 있다. 하나님이 예레미야를 선지자로 부르셨을 때 예레미야는 그 부르심을 거부했다. "나는

1부 겸손과 배려의 언어, "부탁합니다"의 심리학

아이라 말할 줄을 알지 못하나이다"(렘 1:6). 변명거리는 언제나 찾을 수 있다. "나는 자질이 부족합니다." "나는 문제가 너무 많아요." 하지만 하나님은 자격이 있는 자를 부르시지 않는다. 부르신 자에게 능력을 주실 뿐이다.

하나님은 예레미야의 입을 막으셨다. "너는 아이라 말하지 말고"(렘 1:7). 왜 그러셨을까? 예레미야의 말이 부정적인 내러티브를 강화하기 때문이다. 예레미야는 하나님의 계획과 목적에 반하는 말을 하고 있었다. 그런 말이 라손 하라다. 하나님은 예레미야에게 계속해서 말씀하셨다. "내가 너를 누구에게 보내든지 너는 가며 내가 네게 무엇을 명령하든지 너는 말할지니라"(렘 1:7).

"내 말이 곧 내 증서다"(My word is my bond)라는 말이 있다. 이 말은 셰익스피어 시대로 거슬러 올라가지만, 그 개념은 그보다 더 오래되었다. 예수님은 이렇게 말씀하셨다. "너희 말은 옳다 옳다, 아니라 아니라 하라"(마 5:37). 다시 말해, 속에 있는 것을 그대로 말하라. 우리는 말을 함부로 할 때가 많다. 더구나 마음 속에 있는 것을 그대로 말하지 않는다. 하지만 말에 관해서는 높은 기준이 존재한다. "네 말로 의롭다 함을 받고 네 말로 정죄함을 받으리라"(마 12:37).

프란시스 쉐퍼는 우리 모두가 녹음기를 가지고 다니며 우리의 모든 대화를 녹음해야 한다고 말했다. 그 모든 대화가 온 세상에 공개된다면 남은 인생 동안에는 숨어 살고 싶을 것이라고 지적했다.[3]

우리 모두는 후회할 말을 한 적이 있다. 물론 후회해 봐야 아무런 소용이 없다. 하지만 우리가 하는 말을 솔직히 평가할 필요성은 있다. 당신이 다른 사람들과 하는 대화는 당신에 대해 무엇을 말해 주는가? 당신의 사전에서 지워 버려야 할 말이 있는가? 바꿔야 할 태도가 있는가? 어조는 어떠한가? 작은 변화 하나가 인생의 행로를 바꿔 놓을 수도 있다.

　내가 서문에서 했던 고백이 기억나는가? 나는 부정적인 말을 정말 자주 했고, 그 말은 그대로 이루어지는 예언이 되었다. 나는 나 자신에 대해서 라손 하라의 죄를 지었다. 당신 자신에 대해 부정적인 말을 하고 싶다면 입에 재갈을 물리라.

> "무릇 더러운 말은 너희 입 밖에도 내지 말고 오직 덕을 세우는 데 소용되는 대로 선한 말을 하여 듣는 자들에게 은혜를 끼치게 하라"(엡 4:29)

　이제 당신이 어떤 말을 주로 하는지, 그 목록을 만들어 보라.
　당신의 말은 화해하게 하는가? 아니면 분열을 낳는가?
　당신의 말은 격려하는 말인가? 아니면 낙심시키는 말인가?
　당신의 말은 도움이 되는가? 아니면 상처를 주는가?
　당신의 말은 축복인가? 아니면 저주인가?
　성경에서 정말 슬픈 말은 에서가 야곱에게 축복을 빼앗긴 직후에 한 말이다. "내 아버지여 아버지가 빌 복이 이 하나뿐이리이까"(창 27:38). 에서는 남자다운 사람이었다. 이름 자체도 '털북숭이'를 의미한다. 그는 면도를 하루에 두 번 했을지도 모른다. 그는 감정을 잘 표현하는 사람이 아니었지만 성경은 그가 소리 내어 울었다고 말한다. "내 아버지여 내게 축복하소서 내게도 그리하소서 하고 소리를 높여 우니"(창 27:38).

축복을 받는 것은 인간의 가장 깊은 갈망이다. 왜일까? 축복은 우리 인간의 가장 오래된 집단 기억이기 때문이다. 하나님이 그분의 형상을 따라 사람을 창조하신 뒤 가장 먼저 하신 일은 그들에게 복을 주신 것이었다(창 1:28). 축복이 원죄보다 우선이며, 이 순서가 중요하다. 축복이 전체 분위기를 정했다. 하나님의 기본 설정은 '축복'이다. 축복하는 것은 하나님의 가장 오래된 본능이다. 축복하는 것은 하나님의 본성이다. 축복은 하나님이 주로 하시는 일이다.

"우리가 하나님에 관해 생각할 때 가장 먼저 떠오르는 것이 우리 자신에 관해 가장 중요한 것이다"라고 A. W. 토저가 말했다.[4] 당신은 하나님에 관해 가장 먼저 무엇이 생각나는가? 하나님은 당신을 향해 어떤 자세를 취하고 계시는가? 하나님은 어떤 표정을 짓고 계시는가? 그분이 말씀하실 때 어조는 어떠한가?

태초에 하나님은 그분의 형상을 따라 우리를 창조하셨다. 그런데 안타깝게도 그 뒤로 우리는 우리의 형상을 따라 하나님을 창조해 왔다. 이것을 신인동형론(anthropomorphism)이라고 한다. 우리의 성향과 편견과 불완전함을 하나님께 투사하면 우리를 많이 닮은 신이 탄생한다. 그것은 거짓 형상이요 우상이다.

하나님이 인상을 찌푸리고 계신다면, 필시 그것은 당신의 짜증을 그분께 투사하고 있는 것이다. 하나님이 당신을 보며 미소를 짓고 계시는가? 하나님이 당신을 향해 두 팔을 활짝 펴고 계시는가? 그것이 훨씬 더 진실에 가까운 하나님의 모습이다. 귀가 밝은 사람은 하늘 아버지께서 우리로 말미암아 즐거이 부르시는 소리를 듣는다(습 3:17). 귀가 밝은 사람은 하나님이 "이는 내 사랑하는 아들이요 내 기뻐하는 자라" 말씀하시는 소리를 듣는다(마 3:17). 물론 하나님은 딸들을 향해서도 그렇게 말씀하신다.

"부탁합니다"는 무엇보다도 겸손의 자세다. "부탁합니다"는 그 무엇도 당연하게 여기지 않는 것이다. "부탁합니다"는 일말의 특권의식도 품지 않는 것이다. "부탁합니다"는 다른 사람을 귀하게 여기는 것이다. "부탁합니다"라고 말할 때 존경과 존중의 문화가 이루어진다. "부탁합니다"는 눈에는 눈, 이에는 이로 반응하지 않고 평화를 퍼뜨린다.

> "또 그 집에 들어가면서 평안하기를 빌라 그 집이 이에 합당하면 너희 빈 평안이 거기 임할 것이요 만일 합당하지 아니하면 그 평안이 너희에게 돌아올 것이니라"(마 10:12-13)

이 말씀은 예수님이 제자들에게 첫 임무를 맡기시며 주신 명령이다. 이번에도 순서가 중요하다. 우리 대부분은 정반대로 행동한다. 우리는 누군가를 축복하기 전에 계산부터 하기 바쁘다. 그를 축복하기 '전에' 그가 축복을 받을 만한 사람인지부터 따진다. 그렇지 않은가? 하지만 예수님은 정반대의 방침을 고수하셨다. 그분은 축복을 먼저 하셨고, 우리에게도 그렇게 하라고 명령하신다.

컴퓨터 공학에서 기본 설정은 프로그램에 자동적으로 할당된 설정이다. 예수님의 제자인 우리의 기본 운영 체제는 산상수훈이다. 그리고 축복하는 것이 우리의 기본 설정이다. 여섯 가지 반직관적인 명령이 기억나는가? 이 명령은 되짚어 볼 가치가 있다. 우리는 원수를 사랑해야 한다. 우리를 핍박하는 사람들을 위해 기도해야 한다. 우리를 저주하는 사람들을 축복해야 한다. 다른 쪽 뺨을 돌려 대야 한다. 5리를 더 가 주어야 한다. 겉옷까지 벗어 주어야 한다.

이것이 "부탁합니다"와 무슨 관련이 있는가? 보기보다 훨씬 더 관련이 많다. 우리는 자신의 의견이나 뜻을 내세우지 않는다. '나'를 내세우지 않는다. "부탁합니다"는 타인을 우선시하는 것이다. 우리의 목적은 타인의 가치를 더 올려 주는 것이며, 그 일은 축복으로 시작된다.

"부탁합니다"는 당신의 자아를 내려놓는 것이다.

"부탁합니다"는 긍정적인 가정으로 공백을 채우는 것이다.

"부탁합니다"는 사람들이 잘하고 있는 점을 알아봐 주는 것이다.

"부탁합니다"는 뒤에서 다른 사람 칭찬을 하는 것이다.

"부탁합니다"는 모든 사람을 항상 사랑하는 것이다.[5]

'축복하다'에 해당하는 히브리어는 '바락'(barak)이다. 이 단어는 '~에 관해서 좋은 말을 하는 것'을 의미한다. 향유 옥합을 깨서 예수님께 부었던 여인을 기억하는가? 종교 지도자들은 그녀와 예수님을 함께 비난했다. "이 사람이 만일 선지자라면 자기를 만지는 이 여자가 누구며 어떠한 자 곧 죄인인 줄을 알았으리라"(눅 7:39). 종교 지도자들은 항상 사람들을 구제불능으로 여기며 포기했다. 왜일까? 그들은 잘못된 점에 초점을 맞추었기 때문이다. 그들의 눈에는 항상 문제점만 보였다. 반면, 참된 선지자는 남들이 문제를 볼 때 잠재력을 찾아낸다. 그리고 예수님만큼 사람들의 잠재력을 잘 알아보는 분도 없다.

예수님은 그들의 비판을, 생명을 주고 인생을 변화시키는 말로 받아치셨다. "온 천하에 어디서든지 복음이 전파되는 곳에는 이 여자가 행한 일도 말하여 그를 기억하리라"(막 14:9). 이 말씀이 여인에게 얼마나 큰 힘이 되었을지 상상이 가는가? 이 말씀은 우리 묘비에 새기라고 부탁할 만한 말이다. 예수님은 예언적인 말씀으로 여인을 축복하셨고, 당신이 이 글을 읽는 순간 그 예언은 또다시 이루어졌다.

당신의 삶 속에서 가장 크게 들리는 목소리는 무엇인가? 당신이 자신을 비난하는 목소리인가? 세상 문화의 냉소적인 목소리인가? 원수 마귀가 정죄하는 목소리인가? 아니면 성령의 조용하고 세미한 음성인가?

우리 존재는 듣는 대로 형성된다. 작가 로리 베스 존스에 따르면, 우리 삶의 최소한 40%는 개인적인 예언에 따라 형성된다.[6] 우리에 관한 좋은 말 또는 나쁜 말은 우리 삶에 깊은 영향을 미친다. 그러니 가장 먼저 하나님 말씀에 귀 기울이는 것이 어떠한가?

내가 왜 매일 성경을 읽는지 아는가? 하나님 약속의 말씀으로 사전 자극을 받아야 하기 때문이다. 하나님의 선하시고 기뻐하시고

1부 겸손과 배려의 언어, "부탁합니다"의 심리학

온전하신 뜻 안에 서야 하기 때문이다. 성경 읽기는 소셜 미디어와 뉴스가 퍼뜨린 부정적인 내러티브를 지워 버리는 한 방법이다. 성경 읽기는 우리의 언어 치료다. 하나님 말씀은 단순한 말이 아니라 능력 있는 말씀이다.

내 친구가 갑자기 공황발작에 시달리기 시작했다. 그런 경험이 난생처음이라, 친구는 어찌할 줄 몰랐다. 그때 그는 랜디 프레이지가 쓴 *His Mighty Strength*(하나님의 강하신 능력)이란 책을 읽게 되었다. 이 책에서 프레이지는 수십 년 전에 겪었던 어려움을 이야기했는데, 그 일이 내 친구의 사례와 매우 비슷했다. 프레이지는 자녀에게 뭔가 나쁜 일이 일어날 것이라는 비이성적인 불안에 사로잡혀 아무것도 할 수 없었다. 치료법은 상담자가 준 카세트테이프를 듣는 것이었다. 프레이지는 카세트에서 흘러나오는 성경 말씀을 하루에 두 번 30분씩 듣기 시작했다. 그것이 불안을 극복하는 데 큰 도움이 되었다. 그의 상담자는 이렇게 말했다. "심리치료사들은 이것을 신경 언어학 프로그래밍(neurolinguistic programing)이라고 부르지만, 저는 성경 묵상이라고 말합니다."[7] 시편 기자는 이런 표현을 사용한다. "내가 주께 범죄하지 아니하려 하여 주의 말씀을 내 마음에 두었나이다"(시 119:11).

심리적으로 문제가 있다면 시편이 아주 좋은 처방전이다. 하나님 말씀을 주기적으로 먹으면 성공을 방해하는 부정적인 내러티브를 바꿀 수 있다. 내 친구는 프레이지의 책을 읽고 나서 비슷한 방법을 쓰기 시작했다. 칠십대인 부모님께 성경을 읽으며 녹음해 달라고 부탁해서 그 녹음된 성경 말씀을 들으면서 잠을 청한다. 그는 사십대 어른이지만, 잠자리에서 성경 이야기를 듣기에 너무 늦은 나이란 없다.

"하나님께서 지으신 모든 것이 선하매 감사함으로 받으면 버릴 것이 없나니 하나님의 말씀과 기도로 거룩하여짐이라"(딤전 4:4-5)

우리는 두 가지로 거룩해진다. 바로 하나님의 말씀과 기도다. 기도는 우리의 동기를 정화하고 우리의 기대를 성결하게 한다. 무슨 말이든 하기 전에 먼저 기도하라. 물론 그 기도에 "부탁합니다[부디, 제발]"가 포함되면 좋다. 기도 중에 하는 "부탁합니다[부디, 제발]"만큼 강력한 것도 드물다.

큰 것을 원할수록 기도해야 한다. 기도는 담대한 겸손, 혹은 겸손한 담대함을 낳는다. 둘 중 원하는 대로 고르라. 하나님께 말씀드리는 "부탁합니다[부디, 제발]"는 강력한 효과가 있다. 하나님의 말씀도 우리를 거룩하게 만든다. 하나님의 말씀은 살아서 움직이기 때문이다. 우리가 성경을 읽는 것이 아니라 성경이 우리를 읽는다. 성경은 영혼을 꿰뚫는다. 성경은 마음속의 태도를 드러낸다(히 4:12).

모든 성경은 하나님의 감동으로 된 것으로 교훈과 책망과 바르게 함과 의로 교육하기에 유익하니(딤후 3:16)

성령은 양방향으로 영향을 미치신다. 즉 성경 기자들에게 감동을 주셨을 뿐 아니라 독자인 우리에게도 감동을 주신다. 마치 성령이 수천 년 전에 내뱉으신 것을 우리가 들이마시는 것과도 같은 상황이다.

나는 수많은 책을 읽었지만 성경은 그 무엇과도 비교할 수 없는 책이다. 하나님은 그분의 말씀이 이루어지도록 지켜보고 계신다(렘 1:12). 하나님의 말씀은 헛되이 그분께로 돌아가지 않는다(사 55:11). 내 성경책에 꽂아 둔 책갈피에는 이런 글이 있다. "내가 성경을 읽지 못하게 막는 것은 모두 다 내 원수다. 그것이 비록 해로워 보이지 않는 것일지라도 말이다."

우리가 해서는 안 될 말들이 있고, 우리가 해야 하는 말들이 있다. "믿음은 들음에서 나며 들음은 그리스도의 말씀으로 말미암았느니라"(롬 10:17). 입에서 나온 말, 특히 믿음의 선포는 능력이 있다.

> "네가 만일 네 입으로 예수를 주로 시인하며 또 하나님께서 그를 죽은 자 가운데서 살리신 것을 네 마음에 믿으면 구원을 받으리라"(롬 10:9)

당신은 죄를 고백했는가?

당신은 믿음을 선포했는가?

그렇게 하지 않았다면, 지금 바로 죄를 고백하고 믿음을 선포하는 것이 어떠한가?

2부

공감과 용서의 언어, "미안합니다"의 사회학

Please

Sorry

Thanks

2002년 대니얼 카너먼은 행동경제학 분야의 탁월한 연구로 노벨상을 수상했다. 그는 노벨상 위원회에 보낸 수락 편지에서 자신이 그 연구를 하게 된 계기를 자세히 설명했다. 1942년 카너먼 가족은 독일 점령하의 프랑스에서 살고 있었다. 그들은 유태인이다 보니 옷에 노란색 다윗의 별을 달고 다녀야 했다. 그 별의 낙인은 당시여덟 살인 대니얼에게 극심한 수치심을 주었다. 그는 다른 학생들에게 그 별을 들키지 않으려고 학교에 30분씩 일찍 갔다.

어느 날, 대니얼은 통행 금지 시간을 지난 시각에 밖에 나갔다가 독일 군인과 마주쳤다. 대니얼은 그 군인이 무슨 짓을 할지 몰라 겁을 먹고 급히 지나쳐 가려고 했다. 하지만 그 군인은 대니얼을 멈춰 세웠다. 뒤이어 그 군인은 대니얼이 전혀 예상치 못한 행동을 했고, 그 일은 대니얼의 인생 행로를 완전히 바꿔 놓았다. 그 군인이 지갑을 열어 대니얼에게 자기 아들 사진을 보여 주더니 돈을 얼마간 주는 것이 아닌가.

"어린 시절에는 문이 열리고 미래가 들어오는 순간이 언제나 있다"[1]라고 영국 작가인 그레이엄 그린은 말했다. 대니얼 카너먼에게는 그 병사를 만났을 때가 바로 그런 순간이었다. 대니얼은 이렇게

2부 공감과 용서의 언어, "미안합니다"의 사회학

말했다. "집으로 돌아오는데 인간이란 끝없이 복잡하고 흥미로운 존재라는 어머니의 말이 그 어느 때보다도 옳게 느껴졌다."[2]

당신은 사람들을 어떻게 보는가?

사람들을 '흥미롭지 않은, 시시한 존재'로 보게 되면, 그들을 함부로 대하게 된다. 사람들을 무가치하게 여기고 그들에게 나쁜 행동을 하게 된다. 그들을 이용하고 학대하게 된다. 그들을 밟고 올라가야 할 디딤돌이요 목적을 위한 수단으로 여기게 된다. 그래서 그들을 용서하지도 않고 그들에게 용서를 구하지도 않게 된다.

사람들을 "끝없이 복잡하고 흥미로운 존재"로 보게 되면, 그들을 귀하고 대체할 수 없는 존재로 존중하게 된다. 물론 그렇게 하려면 첫인상을 극복해야 한다. 거룩한 호기심을 품고 많은 질문을 던져야 한다.

아이들이 보통 하루에 125개 질문을 던진다는 사실을 아는가? 어른들은 평균 6개 질문을 던진다. 어른이 되는 과정에서 우리는 하루에 119개 질문을 잃어버렸다.[3] 어떻게 하면 어린 시절의 거룩한 호기심을 되찾을 수 있을까? 모든 상호작용에 배움의 자세로 임하면 된다. 미국 시인이자 사상가인 랄프 왈도 에머슨은 말했다. "내가 만나는 모든 사람은 어떤 면에서 나보다 뛰어난 사람들이다. 따라서 나는 모든 사람에게 배운다."[4] 우리가 만나는 사람들 중에 배울 점이 하나도 없는 사람은 단 한 명도 없다. 그들에게 지혜를 얻으려면 말하기보다 듣기를 더 많이 해야 한다. 물론 이것은 말처럼 쉽지 않다.

사람은 평균적으로 자기 자신에 관해 생각하는 데 시간의 약 95퍼센트를 사용한다.[5] 그렇다면 다른 사람에게 초점을 맞추는 시간과 관심은 5퍼센트밖에 되지 않는다. 이 숫자를 최대한 두 배로 늘릴 수는 없을까? 다른 사람들에 관해서 생각하고 고민하고 그들에게 배우기 위해 우리 시간의 10퍼센트를 투자한다면? 돈만큼이나 시간도 십일조를 내기가 쉽지 않다. 하지만 남들에게 초점을 맞추는 시간을 두 배로 늘리면 행복도 두 배로 늘어나리라 생각한다. 결국, 행복은 자기도취의 정반대 지점에 있다.

자기 자신에게 초점을 맞추면 자신의 문제가 더 커진다. 우리의 문제를 해결하기 위한 좋은 방법은 남을 섬기는 것이다. 이 두 가지는 인과관계가 없는 것처럼 보이지만 그렇지 않다. 남을 섬기면 우리의 문제를 제대로 볼 수 있다. 에머슨은 "다른 사람을 돕기 위해 진정으로 노력하면 자기 자신에게 도움이 될 수밖에 없다"라고 말했다.[6]

거의 20년 동안 우리 가족은 도시락을 싸서 노숙자에게 전달하는 일을 해 왔다. 이것은 작은 사랑의 징표이지만 예수님은 그분의 이름으로 누군가에게 물 한 잔을 건네는 것도 중요하다고 말씀하셨다(막 9:41). 우리는 남을 돕기 위해 그 일을 하지만 사실상 우리 자신이 주된 수혜자인 것처럼 느껴진다. 남을 도울 때 우리 머리 위에 지붕이 있고 우리 식탁 위에 음식이 놓여 있다는 것이 얼마나 큰 복인지를 실감하게 된다.

'비대칭적 통찰의 착각'이라는 현상이 있다. 이것은 상대방이 자신을 아는 지식보다 내가 그에 관해 아는 지식이 더 많다고 생각하는 인지적 편향이다. 우리는 사람들을 단편적으로만 판단한다. 우리는 표지만 보고 책 전체를 판단한다. 워싱턴 DC의 거리에서 수년 동안 살고 있는 내 친구는 "우리는 한 가지를 전체로 삼는다"라고 말했다. 맞는 말이지 않는가? 사람들에게 공감하기보다 사람들을 판단하는 것이 훨씬 더 쉽다.

요지는 이것이다. 모든 사람은 각자 자신만의 싸움을 하고 있으며, 우리는 그 싸움에 관해 아무것도 모른다. 누군가 나에게 상처 주는 말이나 행동을 할 때마다 나는 이 사실을 기억하려고 노력한다. 상처를 받은 사람은 다른 사람에게 상처를 준다. 이 사실이 나쁜 행동에 대한 변명은 될 수 없지만, 이 사실을 알면 상황을 제대로 볼 수 있다. 그리고 예수님처럼 반응하는 데 도움이 된다. "아버지 저들을 사하여 주옵소서 자기들이 하는 것을 알지 못함이니이다"(눅 23:34).

2021년, 수잔 퍼스텐버그라는 화가의 팀은 내셔널 몰(National Mall)에 예술 작품 설치를 의뢰받았다. 그 팀은 코로나19로 사망한 사람들을 추모하여 워싱턴 기념탑 근처에 695,000개 깃발을 설치했다. 사진작가 스티븐 윌크스는 그 설치물의 사진을 찍었다. 그것은 평범한 사진이 아니었다. 그 사진은 그의 '낮에서 밤으로'(Day to Night) 시리즈의 일부로, 사진 4,882장을 디지털로 섞은 결과물이다. 이 사진을 본 적이 없다면 인터넷에서 검색해 볼 것을 추천한다.

당시 스티븐 윌크스는 사진 찍기 좋은 장소를 찾아야 했다. 그 장소는 조감도를 얻을 만큼 높으면서도 몸짓 언어와 감정을 포착할 만큼 낮아야 했다. 윌크스는 2만 5천 평이라는 거대한 규모의 설치

물을 사진에 담기 위해 13미터짜리 크레인을 설치했다. 그는 〈국립
아프리카계 미국인 역사 및 문화 박물관〉을 초점으로 삼아 그 위로
떠오르는 태양을 담고 싶었다. 그는 경관 전체를 담아 낼 뿐 아니라
"작은 순간, 작은 장면"까지 담아 냈다. 그리하여 전경을 한눈에 보
여 주는 복합적인 사진이 탄생했다.[7]

누군가를 만나는 것은 한 장의 사진을 보는 것과도 같다. 조심
하지 않으면 표지만 보고 책 전체를 판단하는 것과 같은 실수를 하
게 된다. "미안합니다"는 복합적인 사진을 보는 것에 가깝다. "미안
합니다"는 작은 세부 사항을 볼 뿐 아니라 큰 그림을 통해 배경을 보
는 것이다.

우리가 만나는 모든 사람은 복합적인 존재다. 그들은 방어기제
와 적응 전략의 복잡한 복합체다. 사람들의 가장 흔한 전략은 무엇
일까? 그것은 투쟁과 도피다. 우리는 공격하거나 퇴각한다. 하지만
더 좋은 길이 있다. 그 길은 예수님의 길이며, 그 길은 "미안합니다"
로 시작된다. 모든 사과는 공감에서 시작한다. 공감은 하나님 마음
을 아프게 하는 것들에 대해 함께 아파하는 마음이다.

데일 카네기는 "우리가 만나는 사람들의 4분의 3은 연민에 목
말라 있다. 그들에게 연민을 보이면 그들이 당신을 사랑하게 될 것
이다"라고 말했다.[8] 사람들은 누군가가 자신을 봐 주고 자신의 말을
들어 주고 자신을 이해해 주기를 원한다.

흥미로운 연구 결과가 있는데, 소설을 읽는 사람들은 편견이 적
고 공감 능력이 뛰어나다고 한다.[9] 왜일까? 소설을 읽는 사람들은

대체로 다른 사람의 입장에서 생각해 보기를 더 잘하기 때문이다. 사실, 소설을 읽는 것 자체가 다른 사람의 입장에 서 보는 것이다. 소설은 다른 사람에 대한 공감 능력을 키우고 상상력을 확장해 준다. 물론 다른 사람이 전하는 이야기를 들을 때도 같은 일이 벌어진다.

스페인 내전에 참전할 당시 조지 오웰은 어느 날 적군 병사와 마주치게 되었다. 유명한 영국 작가인 오웰은 파시즘과 싸우기 위해 참전한 것이었지만 항복의 의미로 자기 바지를 높이 들고 있는 적군 병사에게 총을 쏘지 않았다. 나중에 오웰은 이렇게 회상했다. "나는 '파시스트 당원'을 쏘기 위해 이곳에 왔지만 자기 바지를 들고 있는 사람은 '파시스트 당원'이 아니다. 그는 분명 우리와 같은 인간이며, 인간을 쏘고 싶은 사람은 아무도 없다."[10]

조나단 글로버는 《휴머니티》에서 이런 사건을 '연민으로 인한 극복'(breakthroughs of sympathy)이라고 표현했다.[11] 심지어 전쟁의 한복판에서도 갈등을 극복한 연민의 행위들이 나타난다. 이런 일의 대부분은 서로 얼굴을 맞댄 접촉을 통해 촉발된다. 이런 접촉은 마음 사이의 연결을 되살림으로써 살기를 가라앉힌다. 이것이 말이나 눈물로 완성되는 "미안합니다"의 효과다.

다시 말하지만, 상처를 받은 사람은 남에게 상처를 입힌다. 그들은 자신의 상처를 올바로 다루는 대신 억누른다. 이렇게 억누르는 것은 공기가 꽉 찬 비치볼이 물 위로 떠오르지 못하도록 누르는 것과도 같다. 그렇게 억눌린 감정은 대부분 가장 안 좋은 때에 표출된다. 회개는 그런 감정을 날려 버리는 것이다. 회개는 그런 감정을 하나님 앞에 내려놓고 용서를 받는 것이다. 나아가서 우리 또한 다른 사람을 용서함으로써 하나님의 은혜를 갚는 것이다.

용서받은 사람은 다른 사람을 용서할 수 있다. 일곱 번씩 일흔 번이라도 용서한다(마 18:22). 이것이 우리가 용서의 은혜를 갚는 방식이다. 우리는 용서를 통해 하나님의 놀라운 은혜를 다른 사람들에게 보여 줄 수 있다. 그뿐만 아니라 그들을 용서함으로써 우리가 자유를 얻게 된다. 루이스 스미즈는 이렇게 말했다. "우리는 용서함으로 죄수를 풀어 준다. 그런데 우리가 풀어 준 그 죄수가 바로 우리 자신임을 알게 된다."[12]

공감 없는 사과는 공허하다. 미안한 감정 없이 미안하다고 말하면 상대방을 더 혼란스럽게 만든다. 미안한 것인가? 미안하지 않은 것인가? 우리는 진심으로 사과를 해야 한다.

지난 시절에 나는 목사로서의 책임이 과중한 나머지 몇 가지 중요한 책임을 소홀히 한 적이 있다. 말하기 부끄럽지만, 당시 너무 바빠서 가정 문제에 신경을 쓰지 못했다. 그로 인해 아내에게 깊은 상처를 입혔다. 오랜 세월이 흐른 뒤 기도하던 중 성령은 내 속에서 그 기억을 되살리셨다. 내가 아내에게 사과하자, 아내는 눈물을 흘리며 말했다. "당신을 용서해요." 아내는 그 말을 하는 것이 필요했고, 나는 그 말을 듣는 것이 필요했다. 그렇다고 해서 내가 저지른 실수가 사라지는 것은 아니었지만 덕분에 우리는 놀라운 치유를 경험했다. 더 나아가, 현재에 온전히 집중하기로 다시금 결심하는 시간을 가질 수 있었다.

6.

구체적이고 진심 어린 사과, 막힌 담을 허물다

자기 자신을 잊어버리면 삶이 더 단순해지고 스트레스가 줄어든다.
- **톰 래스**, *It's Not About You*(당신이 주인공이 아니다)

1543년 다방면의 전문가였던 폴란드인 니콜라스 코페르니쿠스는 태양을 우리 태양계의 중심으로 규명한 책을 발표했다. 그전까지는 우주의 모든 것이 지구를 중심으로 돌아간다는 것이 통념이었다. 코페르니쿠스의 태양 중심설(지동설)은 세상을 송두리째 뒤흔들었다. 우리 모두는 지금 다른 종류의 코페르니쿠스 혁명이 필요하다. 왜 그런가? 우리가 너무 자기중심적이기 때문이다.

우리가 아기였을 때는 부모가 먹여 주고 트림을 시켜 주고 기저귀를 갈아 주었다. 세상이 우리 중심으로 돌았다. 그때는 그렇게 해도 괜찮다. 그런데 열일곱 살, 서른일곱 살, 일흔일곱 살이 되어서도 여전히 자기중심적이라면 코페르니쿠스적인 혁명이 필요하다. 여기서 속보를 전한다. 주인공은 우리 자신이 아니다. 이 점을 빨리 깨달을수록 우리는 더 행복해지고 더 건강해지고 더 거룩해진다.

결혼은 우리의 타고난 이기주의와 싸우기 위한 효과적인 방법이다. 결혼의 목적은 단순한 행복이 아니라 거룩함이다. 결혼은 불완전한 사람에게 무조건적인 헌신을 약속하는 것이다. 결혼식장에서 우리는 기쁠 때나 슬플 때나 풍족할 때나 가난할 때나 건강할 때나 아플 때나 한결같이 서로를 사랑하기로 맹세한다. 대명사가 '나'에서 '우리'로 바뀐다.

결혼이라는 방식으로도 이기주의를 버리지 못하면 하나님은 우리 중 일부에게 자녀를 주신다. 재미있는 이야기가 있다. '기저귀'(diaper)를 거꾸로 하면 '갚은'(repaid)이 된다. 자녀가 생기면 부모의 은혜를 깨닫기 시작한다. 그렇지 않은가? 부모는 한밤중에 수유하는 것과 같은 헌신을 우리가 생각하는 것보다 훨씬 더 많이 한다.

이런 것이 "미안합니다"와 무슨 관련이 있을까?

결혼 생활은 사과의 기술을 배우는 상급 과정이다. 사과하는 법을 잘 배워 두는 편이 현명하다. 결혼 생활 내내 사과해야 할 것이기 때문이다. 자녀 양육도 마찬가지다. 자녀에게 미안하다는 말을 해야 할 일이 끝없이 생길 것이며, 그 일은 시련을 가장한 축복일 수 있다. 우리는 실수를 하고 자책하지만, 가장 큰 실수는 가장 큰 기회를 열어 주기도 한다. 부모가 실수하고서 사과하는 본보기를 보여주지 않으면 자녀가 어떻게 사과하는 법을 배우겠는가?

자신에게 몰두하게 되면 다른 사람을, 극복해야 할 장애물이나 참아 내야 할 불편거리로 여기게 된다. 다른 사람을, 목적을 위한 수단으로 이용하게 된다. 역사를 보면, 우리 인간은 사람을 사물화하고 사물을 의인화하는 좋지 않은 습관을 지녔다.

1장에서 소개한 연구를 기억하는가? 테스토스테론 수치가 올라가면 사회적인 대명사('우리'나 '그들')의 사용이 줄어든다. 왜 그런가? 더 업무 중심적이 되고 덜 관계 중심적이 되기 때문이다. 이것은 제로섬 게임으로, 실제로는 결국 아무도 이기는 사람이 없다.

한 가지 작은 비밀이 있다. 이기적인 사람은 미안하다는 말을 하지 않는다. 그들은 상대의 입장에서 생각하는 법을 배우지 못했기 때문이다. 그들은 예수님처럼 발을 씻어 주는 대신 빌라도처럼 자신의 손을 씻는 사람들이다. 그들은 책임을 부정한다. 그들은 비난의 화살을 남에게 돌린다. 그들은 희생자처럼 구는 동시에 하나님 행세를 한다.

우리는 자기중심주의와 더불어 자의식 때문에도 괴롭다. 내가 볼 때, 건강하지 못한 자의식은 저주의 부산물이다. 타락 이전에 아담과 하와는 벌거벗었으나 수치심을 몰랐다. 원죄 후 수치심이 세상에 들어왔다. 아담과 하와는 극심한 자의식에 사로잡혀 하나님을 피해서, 그리고 서로를 피해서 숨었다. 그 후로 우리는 내내 숨바꼭

질을 해 왔다. 성화 과정의 일부는 자의식을 극복하는 것이다. 어떻게 해야 하는가? 하나님과 남을 더 의식하면 된다.

대니얼 카너먼의 이야기로 돌아가 보자. 그가 어머니에게 배운 교훈이 기억나는가? 사람들은 끝없이 복잡하고 흥미롭다. 보이는 것이 전부가 아니다. 그러니 표지만 보고 책을 판단하는 일을 멈추라. 다시 말하지만, 모든 사람은 우리가 전혀 모르는 싸움을 각자 벌이고 있다. 우리는 너무 성급하게 결론을 내린다. 부정적인 결론이라면 특히 더 그렇다. 누군가가 우리를 화나게 하면 곧바로 그를 우리 삶에서 쫓아낸다. 나쁜 행동을 옹호하려는 것은 아니다. 다만 혹시 그가 힘든 하루를 보낸 것은 아닐까 생각해 보는 것이 필요하다.

나는 사람을 28,124개 조각으로 이루어진 퍼즐로 보곤 한다. 인간의 평균 수명을 날수로 환산하면 28,124개가 된다.[1] 우리 모두는 경험한 것과 영향 받은 것이 독특하게 조합된 존재들이다. 미국 사회학자 모리 슈워츠의 말 그대로, "나는 지금까지의 모든 나이가 쌓인 존재야"[2]라고 할 수 있다.

당신의 가장 어릴 적 기억은 무엇인가?

누가 당신의 영혼에 지문을 남겼는가?

어릴 적에 문이 열려 미래가 들어온 순간이 있었는가?

가장 후회되는 일은 무엇인가?

가장 큰 성취는 무엇인가?

당신 삶에서 결정적인 순간은 언제였는가?

당신 삶에서 가장 중요한 결정은 무엇이었는가?

이런 질문에 대한 당신의 답은 누구와도 다를 것이다. 물론 이것은 빙산의 일각일 뿐이다. 당신이 살아온 개인적인 역사 전체는 지구상 누구와도 다를 것이다. 우리가 시간을 내서 다른 이의 남모를 사연에 귀를 기울이면 우리는 서로를 향한 연민으로 가득해질 것이다. 더 나아가서 그 사람 안에 숨겨진 잠재력까지 보게 될 것이다.

우리 모두는 적응 전략들이 복잡하게 조합된 존재들이다. 우리는 두 가지 전략 중 하나에 기대는 경향이 있다. 공격과 후퇴가 그것이다. 우리는 공격하거나 후퇴한다. 하지만 더 좋은 길이 있는데, 그것은 예수님의 길이다. 그 길은 "미안합니다"로 시작된다. "미안합니다"는 백기를 드는 것처럼 보이지만 실상은 그와 정반대다. 그것은 참호에서 나와 포화 속으로 돌진하는 것이다. 미안하다는 말보다 더 많은 용기가 필요한 말은 별로 없다.

"미안합니다"는 '우리'의 단어다. "미안합니다"는 망가진 울타리를 고친다. "미안합니다"는 끊어진 관계 사이에 다리를 놓는다. "미안합니다"는 서로의 담을 허문다. 단, "미안합니다"는 이중 리트머스 시험을 통과해야 한다. 즉, 구체적이고 진정성이 있어야 한다.

무엇에 대해 사과해야 하는지 전혀 모르면서도 단지 말싸움을 끝내려고 미안하다고 말한 적이 있는가? 나도 그런 적이 있다. 아내가 내게 왜 미안한지 물으면 당황해서 말문이 막힐 때가 있다. 때로 나는 무엇을 잘못했는지 전혀 모르면서 그저 말싸움을 끝내고 싶어 미안하다고 말한다. 하지만 솔직히 인정하자. 그것은 공허한 사과일 뿐이다. 무엇을 잘못했는지 모르면 똑같은 실수를 다시 하게 되어 있다. 그런 "미안합니다"는 구체성의 시험을 통과하지 못한다.

"주님, 제가 저지른 모든 잘못을 용서해 주십시오."

그 기도를 듣고 하나님이 용서해 주실 수 있을까? 물론이다. 하지만 그것은 성의 없는 회개일 뿐이다. 그런 기도를 드리고 나서 용서받은 기분이 들지 않아도 그것은 전혀 이상한 일이 아니다. 모호하게 회개하면, 용서받은 것인지 아닌지도 모호해질 수 있다.

수년 전 독일 비텐베르크에서 지도자 모임에 초대를 받은 적이 있다. 비텐베르크는 마르틴 루터가 95개조 반박문을 성(城) 교회 문에 못 박은 곳이다. 그곳으로 가면서 루터의 전기를 읽어 보니, 그는 한 번 회개할 때 여섯 시간씩 했다고 한다. 나는 6분 이상 회개한 기억이 없다.

사함을 받기 위해서는 모든 죄를 고백해야 한다. 따라서 영혼을 뒤지고 기억을 더듬고 동기를 엄밀히 따져야 한다.[3]

우리가 저지른 모든 잘못을 곰곰히 생각해야 한다는 뜻은 아니다. 다만 조금 더 깊이 뒤지고 더듬고 따져 봐야 한다. 모호한 고백이 용서에 관한 모호한 느낌으로 이어지는 것과 마찬가지로, 상세한 회개는 용서에 관한 확실한 느낌으로 이어진다. 근본 문제를 파악하지 않으면 같은 증상에 대해 계속해서 회개하게 된다.

예레미야애가 기자는 하나님의 긍휼이 "아침마다 새로우니"라고 말했다(애 3:23). 여기서 "새로우니"에 해당하는 히브리어는 '하다스'(hadas)다. 이 단어는 단순히 '계속해서 다시'라는 의미에서의 '새로운'을 뜻하지 않는다. 그것도 놀라운 일이기는 하지만, 이 단어는 '다른'이라는 의미에서의 '새로운'을 말한다. '전에 경험한 적 없는'이라는 의미다. 오늘의 긍휼은 어제의 긍휼과 다르다. 눈송이처럼 하나님의 긍휼은 똑같은 방식으로 두 번 형성되지 않는다. 모든 긍휼의 행위는 유일무이하다.

자갈이 깔린 좁은 거리들과 성만큼이나 오래된 상점들이 있는 옛 유럽의 성을 상상해 보라. 세월의 흔적을 고스란히 간직한 한 상점 문에 이런 표지판이 걸려 있다. "긍휼 상점." 이 상점은 문을 닫는 법이 없기 때문에 문에 자물쇠가 없다. 긍휼은 공짜이기 때문에 금전 등록기도 없다. 그곳에 가서 긍휼을 요청하면 상점 주인은 당신의 치수를 재고 나서 안으로 사라진다. 좋은 소식이 있다. 하나님이 당신을 파악하셨다. 긍휼은 떨어지는 법이 없다. 긍휼은 구식이 되는 일도 없다. 당신이 상점 문을 나서려고 하자 긍휼 상점 주인이 미소를 짓는다. "찾아와 줘서 고마워요!" 그리고 윙크를 하면서 다시 말한다. "내일 또 봐요."

당신의 죄, 당신의 상황에 맞춘 긍휼이 임한다. 그 긍휼은 안성맞춤이다. 하지만 그 긍휼을 받기 위해서는 재단사에게 당신의 치수를 알려 주어야 한다. 은혜도 안성맞춤이다. 하지만 긍휼과는 다르다. 긍휼은 당신이 받아 마땅한 것을 받지 않는 것이다. 은혜는 당신이 받을 자격이 없는 것을 받는 것이다.

중요한 차이점이 또 하나 있다.

우리는 '용서'를 받기 위해 하나님께 우리 죄를 고백한다.

우리는 '치유'를 받기 위해 서로에게 자신의 죄를 고백한다.

"너희 죄를 서로 고백하며 병이 낫기를 위하여 서로 기도하라"

(약 5:16)

목사로서 나는 많은 죄 고백을 들었다. 개중에는 충격적인 고백도 있었다. 그런데 그 고백을 듣고 나서는 항상 상대방에 대한 존경심이 깊어졌다. 죄 고백을 많이 들어 본 나로서는 그들이 지은 죄는 별로 놀랍지 않다. 하지만 죄를 남에게 고백하는 용기에는 매번 놀라게 된다. 우리가 죄를 일단 공개하고 나면 원수는 더 이상 그 죄를 빌미로 우리를 협박할 수 없다. 그래서 죄를 고백하는 순간, 우리는 해방된다.

모든 고백은 구체성 시험과 함께 진정성 시험을 통과해야 한다. 그릇된 이유로 옳은 일을 한 것은 하나님 나라에서는 옳은 일로 치지 않는다. 궁극적으로 하나님은 우리 마음의 동기를 판단하신다.

심리학에 '노출 치료'(exposure therapy)라는 것이 있다. 이것은 자신이 두려워하는 것을 피하는 대신, 안전한 환경에서 안전한 방식으로 그것에 자신을 노출시키는 것이다. 면역력을 기르려는 목적으로 두려움의 대상을 마주하는 것이다. 자의적인 해석일지 모르겠지만, 내 책에서는 취약성(vulnerability)이라는 단어를 일종의 노출 치료의 의미로 사용한다. 취약성은 자신의 불완전함을 숨기지 않는 것이다. 취약성은 위험을 무릅쓰고서 상처와 습관과 콤플렉스를 솔직히 털어놓는 것이다. 그렇게 문제를 밝히고 나면 하나님은 그 문제를 치유하기 시작하신다. 내 경험으로 볼 때, 사람들은 권위보다 취약성에 더 긍정적으로 반응한다.

진심으로 하는 사과만 효과가 있다. 따라서 우리의 동기를 점검해 보아야 한다. 사과를 함으로써 자신의 찜찜함을 털어 버리려는 것인가? 관계를 회복하기보다는 자신의 죄책감을 덜기 위해 사과하는 것인가? 아니면 상대방의 유익을 염두에 두고 있는가? 내 경험으로 볼 때 진정한 사과는 깨진 조각들을 다시 붙인다. 사과하는 마음을 품었다면, 말로 그 마음을 표현해야 한다. 진정한 "미안합니다"는 고통과 수치와 후회의 산을 옮길 수 있다. 그것은 40년 치욕을 떨쳐 버릴 수 있다(수 5:9). 그것은 메뚜기들이 앗아간 것을 회복시킬 수 있다(욜 2:25). 심지어 한 나라를 구할 수도 있다.

출애굽기에서 숨은 영웅은 바로의 딸이다. 그녀는 목욕을 하러 나일강에 나갔다가 갈대 상자를 발견하고 히브리인 아기를 입양하게 되었다.

> "열고 그 아기를 보니 아기가 우는지라 그가 그를 불쌍히 여겨"
>
> (출 2:6)

그녀는 아기를 보며 미안함과 안타까움을 느꼈다. 히브리인 아기들을 죽이라고 명령한 것은 바로 그녀의 아버지였다. 그래서 미안한 마음에 그녀는 목숨을 걸고 모세를 구해 주었다. 그 아기를 구해 준 것은 가족의 만행에 대한 그녀의 사과 방식이었다. 여기서 우리는 한 가지 사실을 확실히 알 수 있다. 단 하나의 "미안합니다"가 한 생명을 구하고, 나아가서 한 나라를 구했다. 그리고 기억하라. "미안합니다"는 눈물로 시작된다.

성경의 메타내러티브에서 가장 감동적인 순간은 무엇인가? 결정적 전환점은 무엇인가? 어떤 이들은 기적이라고 말할 것이다. 이 말에 반박하기는 힘들다. 다른 이들은 복음서에 기록된 예수님의 가르침을 지목할 것이다. 하지만 나는 핵심적인 사건에는 주로 눈물이 있다고 믿는다.

요셉은 형들과 상봉했을 때 어떻게 했는가? 그는 궁중 사람들도 들을 만큼 크게 울었다(창 45:1-2). 동생 야곱에게 배신당했을 때에서는 어떻게 했는가? 그는 소리를 높여 울었다(창 27:38). 베드로는 예수님을 부인한 뒤에 어떻게 했는가? 그는 통곡하며 울었다(마 26:75). 예수님은 나사로의 무덤 앞에서 어떻게 하셨는가? 이것은 짧은 성경 구절이지만 정말 많은 의미를 함축하고 있다. "예수께서 눈물을 흘리시더라"(요 11:35).

이런 눈물의 의미는 회개에서 후회까지 다양하다. 예수님의 경우, 그것은 거룩한 공감이다.

눈물은 액체 형태의 공감이다.

눈물은 액체 형태의 기도다.

1900년대 초, 케이트와 메리 잭슨 자매는 리즈(Leeds)라는 도시

2부 공감과 용서의 언어, "미안합니다"의 사회학

에 구세군 지부를 설립하고자 했지만 제대로 되지 않았다. 아무런 진전이 없어 실망하고 낙심한 자매는 윌리엄 부스에게 장소를 바꿔 달라는 편지를 썼다. 그때 부스는 두 단어를 쓴 전보를 보냈다. "눈물을 담아 보시오"(TRY TEARS).[4] 잭슨 자매는 눈물을 흘리며 더 간절하게 노력하기 시작했고, 그 결과 리즈의 구세군은 가장 규모가 크고 효과적인 지부로 자리를 잡았다.

기도에 관해 여러 책을 저술한 코리 러셀은 말했다. "눈물의 은사는 아무것도 바꿀 수 없는 우리의 무능력에 관한 내적인 계시의 외적인 증거다."[5] 나는 러셀이 우리가 과거를 바꿀 수 없음을 말한 것이라고 생각한다. 이는 우리를 낙심시키는 말처럼 들릴지 모르지만 사실은 자유를 주는 말이다. 우리가 이미 저지른 일은 바꿀 수 없다. 우리가 할 수 있는 일은 그 일을 하나님 앞에 내려놓고 용서를 받는 것뿐이다. 눈물은 그 과정의 일부다. 자기 잘못에 대해 울지 않는다면 진정으로 애통해하지 않는 것일 수 있다. 눈물은 하나님이 주시는 선물이다. 러셀은 이렇게도 말했다. "눈물은 그 자체로 하나의 언어다. 그것은 말없이 하는 영혼의 표현이다."[6] 길르앗의 유향처럼 눈물은 치유하고 달래는 힘이 있다.

눈물만큼 "미안합니다"라고 분명하게 말하는 것도 없다.

눈물만큼 관계를 회복시키는 것도 없다.

눈물만큼 하나님 마음을 움직이는 것도 없다.

눈물로 회개하고 사과하라.

7.

원한을 품어 상처 나는 사람은 나 자신뿐이다

참된 성도는 747여객기가 이륙할 때 연료를 태우는 것처럼 은혜를 태운다.
- 달라스 윌라드, 《잊혀진 제자도》

최근 나는 내 삶에 큰 영향을 준 책의 저자인 R. T. 켄달과 점심 식사를 했다. 켄달은 런던의 웨스트민스터채플에서 25년간 목회를 하면서 50권 넘는 책을 썼다. 그의 책 중에서 어떤 책이 가장 좋으냐고 물으면 한 권만 고르기가 힘들지만 《완전한 용서》는 실로 역작이다. 부제가 이 책의 내용을 잘 요약한다. "당신 안의 모든 것이 원한을 품고 손가락질을 하고 고통을 기억하고 싶어 할 때, 하나님은 당신이 그 모든 것을 한쪽에 내려놓기를 원하신다." 이렇게 말하기는 쉽지만, 행하기는 어렵다.

R. T. 켄달은 런던에서 목회할 당시, 누군가에게 당한 일로 몹시 기분이 상했다. 용서하지 못한 원한의 씨앗이 점점 곪기 시작했다. 그는 그 원한을 꽉 움켜쥐고 한사코 놓지 않으려 했다. 마침내 그는 약간의 연민을 기대하고서 친구에게 그 사실을 털어놓았다. 그런데 뜻밖에도 친구는 그에 대한 연민을 표현하면서도 그를 냉엄하게 꾸짖었다. "그들을 완전히 용서해야 해." 켄달은 고개를 저었다. "그럴 수 없어." 친구는 그냥 넘어가지 않았다. "자네는 그렇게 할 수 있고, 해야만 해." 그것은 켄달의 인생에서 가장 어려운 일이었다. 하지만 친구의 말이 옳았다. "그들을 풀어 주게. 그러면 자네가 자유로워질 거야."[1]

당신의 마음속에 용서하지 않은 일이 조금이라도 있는가?

원한의 씨앗이 뿌리를 내렸는가?

원한을 품고 있는가?

속에서 분노가 끓어오르고 있는가?

이런 질문은 가슴 아픈 기억을 불러일으킬 수 있다. 그래서 나는 깊은 연민과 공감을 실어서 말하고 싶다. 당신은 완전히 용서해야 한다. 당신이 어떤 말을 듣고 어떤 일을 당했는지 나는 그저 상상만 할 수 있을 뿐이다. 하지만 원한을 품는 것은 자신이 쥐약을 마시고서 쥐가 죽을 것이라고 생각하는 것과도 같다. 우리가 원한으로 상처를 입히는 사람은 우리 자신뿐이다. 자신을 위해서 용서해야 한다.

우리의 논의를 계속하기 전에 무엇이 용서가 '아닌지' 분명히 짚고 넘어가자. 용서는 나쁜 행위를 눈감아 주는 것이 아니다. 용서는 불의를 정당화하는 것이 아니다. 심지어 용서는 벌을 면제해 주는 것도 아니다. 벌을 면제해 주는 것은 우리의 권한 밖에 있다. 그것은 오직 하나님만 하실 수 있는 일이다. 용서는 상대방의 죄를 그냥 간과하며 계속해서 당해 주는 것이 아니다. 학대받는 상황이나 위험한 상황에 처해 있다면 속히 그 상황에서 벗어나야 한다. 사람이 죄를 지어도 하나님의 은혜를 경험할 수는 있지만 그렇다고 해서 자기 행동의 대가를 치르지 않아도 되는 것은 아니다. 용서는 죄의 결과가 아니라 죄의 빚을 없애 주는 것이다.

주기도문은 용서에 관한 최고의 지침서다. 그 기도의 다섯 번째 간구에서 예수님은 이렇게 말씀하셨다. "우리가 우리에게 죄지은 자를 사하여 준 것같이 우리 죄를 사하여 주시옵고"(마 6:12). 다 알다시피 우리에게 죄지은 자를 용서하는 일은 말처럼 쉽지 않다. 이어서 예수님은 이렇게 덧붙임으로써 용서의 필요성을 더욱 강조하신다. "너희가 사람의 잘못을 용서하면 너희 하늘 아버지께서도 너희 잘못을 용서하시려니와"(마 6:14).

하나님께서 주시는 수직적인 용서는 다른 사람을 향한 우리의 수평적인 용서와 연결되어 있다. 수직적인 용서는 수평적인 용서를 조건으로 한다. 다시 말해, 용서는 명령이다. 그렇다고 우리가 누군가의 샌드백이 되어야 한다는 뜻은 아니다. 건강한 경계를 설정하지 말아야 한다는 뜻은 아니다. 하지만 용서받은 사람은 다른 사람을 용서한다. 그리고 예수님은 용서의 기준을 정해 주셨다. 예수님은 십자가에서 지독한 고통을 당하시면서도 자신을 십자가에 못 박은 자들을 용서하셨다. "아버지 저들을 사하여 주옵소서 자기들이 하는 것을 알지 못함이니이다"(눅 23:34).

베드로가 몇 번까지 용서해야 하느냐고 묻자 예수님은 "일곱 번을 일흔 번까지라도 할지니라"(마 18:22)라고 말씀하셨다. 필시 베드로의 입이 떡 벌어졌을 것이다. 베드로는 일곱 번 용서하는 것만 해도 충분히 자비롭다고 생각했다. 그런데 예수님은 기준을 훨씬 높게 끌어올리셨다. 그러고 나서 만 달란트 빚을 탕감해 준 사람에 관한 이야기를 해 주셨다.

한 달란트는 60미나였고, 1미나는 3개월 치 임금이었다. 따라서 1달란트는 180개월 치 임금에 해당했다. 다시 말해, 15년 치 연봉이다. 그렇다면 만 달란트는 총 15만 년 치 임금에 해당했다. 이 남자는 2,322번의 인생을 살아야 갚을 수 있는 엄청난 액수를 빚졌다. 문득 옛 찬송이 생각난다. "그분은 자신이 빚지지 않은 빚을 갚으셨네. 나는 갚을 수 없는 빚을 졌네." 이렇게 계산을 해 보고 나면 그리스도께서 십자가 위에서 이루신 일이 훨씬 더 감사하게 느껴진다.

예수님은 십자가에 달려서 "다 이루었다"(요 19:30)라고 말씀하셨다. 이 말은 헬라어로는 '테텔레스타이'(tetelestai)라는 한 단어다. 고고학자들은 고대 영수증에서 이 단어를 발견했다. 이것은 '완전히 갚았다'란 뜻의 회계 용어다. 십자가는 죄에 대한 마지막 납입금이다. 우리의 만 달란트 빚은 완전히 청산되었다.

> "하나님이 죄를 알지도 못하신 이를 우리를 대신하여 죄로 삼으
> 신 것은 우리로 하여금 그 안에서 하나님의 의가 되게 하려 하심이
> 라"(고후 5:21)

이는 하나님이 이렇게 말씀하신 것과도 같다. "자, 이렇게 하자.
네가 잘못한 모든 것(너의 모든 죄)을 내 계좌로 옮겨라. 예수가 의롭
게 행한 모든 것(그분의 의)을 네 계좌로 옮겨 주마. 그렇게 비긴 것으
로 하자." 이보다 더 좋을 수가 없다. 이래서 복된 소식이라 말하는
것이다.

우리가 그리스도 안에 있으면 의로워진다. 마치 애초에 죄를 짓
지 않은 것처럼 된다. 이것이 어떤 상황이고 어떤 느낌인지를 시각
적으로 묘사해 보겠다. 베드로가 대제사장의 종 말고의 오른쪽 귀
를 베어 버린 사건을 기억하는가?(요 18:10) 일단의 무리가 예수님을
체포하기 위해 들이닥치자 베드로는 검을 뽑았다. 누군가의 귀를
벤 사람은 무사할 수 없다. 특히 그 사람이 대제사장의 종이라면
말이다. 최악의 경우라면, 베드로는 살인죄로 체포될 수 있었다.
최선의 경우라도, 치명적인 무기를 사용한 폭행죄로 체포될 수 있
었다. 어떤 경우든 베드로는 예수님 옆에서 십자가에 달릴 가능성
이 높았다.

예수님은 어떻게 하셨는가? 예수님은 자신을 체포하러 찾아온

자를 치료해 주셨다(눅 22:50-51). 그분은 말고의 잘린 귀를 다시 붙여 주셨다. 귀는 감쪽같이 붙었다. 하지만 여기서 더 중요한 일이 벌어지고 있었다. 딕 포스는 이 일을 정확히 간파했다. "예수님은 우리에게 불리한 증거를 없애신다."

말고가 베드로를 고소한다고 상상해 보라. 말고가 증인석에 앉아서 말한다. "저자가 제 귀를 베었습니다." 판사가 묻는다. "어느 쪽 귀인가요?" "제 오른쪽 귀입니다"라고 말고가 대답한다. 판사는 말고의 귀를 가까이에서 보려고 그에게 판사석으로 나오라고 요구한다. "내가 보기에는 귀에 아무런 문제가 없군요. 원고의 소송을 기각합니다." 베드로는 증거 불충분으로 풀려난다. 이것은 단지 베드로와 말고에 관한 이야기만이 아니다. 이것은 당신과 나에 관한 이야기다. 예수님은 우리에게 불리한 증거를 없애기 위해 십자가로 가셨다.

우리는 용서를 기적이라고 생각하지 않지만, 용서는 분명히 기적이다. 예수님은 물을 포도주로 바꾸셨다(요 2:1-10). 그분은 물 위를 걸으셨다(마 14:22-27). 그분은 시신경과 시각 피질 사이에 신경 회로를 뚫어 맹인의 눈을 뜨게 하셨다(막 10:46-52). 심지어 그분은 죽은 지 4일 지난 사람을 되살리셨다(요 11:1-44). 이런 기적이 다 놀랍지만, 그분이 행하신 단 한 번의 용서 행위는 이 모든 기적을 능가한다. 내 변변찮은 의견으로는, 이 행위야말로 복음서에 기록된 가장 위대한 기적이다.

R. T. 켄달은 말했다. "내가 진정으로, 그리고 완벽하게 용서한

다면, 초자연적인 영역으로 들어간 셈이다. 나는 기적에 버금가는 일을 이룬 것이다."[2]

용서는 기적적인 일이다. 반대로 말하면, 용서하지 않음은 기적을 경험하지 못하게 막는 걸림돌이다. 이 둘은 서로 관련 없어 보일 수 있다. 예를 들어 보겠다. 예수님이 나사렛으로 돌아가셨을 때를 기억하는가? 나사렛 주민들은 자랑스러운 나사렛의 아들을 위해 색종이를 뿌리는 퍼레이드를 벌이기는커녕 언짢게 여겼다. 그 결과는 어떠했는가? "거기서 많은 능력을 행하지 아니하시니라"(마 13:57-58). 언짢은 마음이 들면 방어기제가 발동해서 어떻게든 자아를 보호하려고 한다. 그러면 사실상 아무도 이기는 사람이 없는 제로섬 게임에 빠진다. 기적을 경험하고 싶다면 용서를 베풀어야 한다.

미셸 넬슨은 용서를 3단계로 구분했다. 1단계 용서는 무심한 용서다. 가해자에 대한 부정적인 감정은 줄어들었지만 화해는 전혀 이루어지지 않는다. 2단계 용서는 제한적인 용서다. 가해자에 대한 부정적인 감정이 줄어들고 관계가 부분적으로 회복되지만 그 관계에 뜨거운 감정은 흐르지 않는다. 3단계 용서는 온전한 용서다. 가해자에 대한 부정적인 감정이 남김없이 사라지고 관계가 온전히 회복된다.[3]

화해는 상호적이다. 우리는 상대방을 통제할 수 없고, 따라서 결과도 통제할 수 없다. 그러므로 화해에 대한 부담감을 지려 하지 마라. 우리가 통제할 수 있는 것은 우리 자신뿐이고, 그것만으로도 충분히 힘들다. 용서하는 것과 사과하는 것, 둘 중에 무엇이 더 어려운지 모르겠지만 무엇을 하든 먼저 행동하라. 먼저 화해의 손을 내밀라.

> "예물을 제단에 드리려다가 거기서 네 형제에게 원망 들을 만한 일이 있는 것이 생각나거든 예물을 제단 앞에 두고 먼저 가서 형제와 화목하고 그 후에 와서 예물을 드리라"(마 5:23-24)

이 명령의 배경을 살펴보자. 제단은 성전 안에 있었고, 성전은 예루살렘 안에 있었다. 예수님은 산상수훈 도중에 이 명령을 주셨고, 산상수훈은 갈릴리 바다의 북쪽 해변에서 말씀하신 것이다. 당연한 말이지만 예수님의 청중은 사과하는 문자 메시지를 보낼 수 없다. 제단은 예수님이 계신 곳에서 일직선으로 약 120킬로미터 떨어져 있었다. 평균적인 걸음 속도인 시속 5킬로미터로 가면 24시간 걸리는 거리다. 게다가 평지를 걷는 것이 아니라 험한 길을 통과해야 했다. 그만큼 진정한 사과나 용서를 하는 것은 결코 쉬운 일이 아니다. 하지만 먼 발걸음을 할 만한 가치가 있다.

용서해야 할 사람이 있는가?

고백해야 할 죄가 있는가?

그렇다면 왜 주저하고 있는가?

8.

그 사람만의 내밀한 슬픔에 귀 기울이다

> 최악의 날이라 해도 결코 하나님의 은혜가 미치지 못할 만큼 나쁘지는 않다.
> 최상의 날이라 해도 결코 하나님의 은혜가 필요하지 않을 만큼 좋지는 않다.
> 우리 크리스천 삶의 모든 날은 오직 하나님의 은혜에 기대어
> 그분과 관계를 맺는 날이어야 한다.
> - 제리 브리지스, *The Discipline of Grace*(은혜의 훈련)

스티븐 코비는 《성공하는 사람들의 7가지 습관》이라는 시대를 초월한 역작에서 어느 일요일 오전 뉴욕에서 지하철을 탔던 일을 이야기한다. 사람들이 각자 조용히 자신의 일에 몰두하고 있는데 한 아버지가 아이들을 데리고 지하철에 탔다. 그런데 아이들이 서로에게 고함을 지르며 뭔가를 던지기 시작했다. 하지만 아버지는 아이들이 일으키는 소동을 전혀 모르는 듯 가만히 눈을 감고 있었다. 코

2부 공감과 용서의 언어, "미안합니다"의 사회학

비는 참을 수 있을 때까지 참다가 결국 그 아버지에게 다가가 말했다. "선생님, 아이들이 소란을 피워서 여러 사람을 방해하고 있어요. 아이들 좀 진정시켜 주시겠어요?"

그제야 상황을 파악한 아버지가 말했다. "그렇군요. 네, 그렇게 할게요." 그러고 나서 말했다. "막 병원에서 오는 길인데, 아이들 엄마가 한 시간 전에 세상을 떠났습니다. 그래서 제가 좀 정신이 없네요. 아이들도 이 상황을 어떻게 감당해야 할지 모르는 것 같습니다."[1]

그 순간, 코비는 짜증이 순식간에 사라지고 마음속에는 연민이 가득해졌다. 그는 패러다임 전환을 경험했다. '패러다임'은 토머스 쿤의 역작 《과학 혁명의 구조》에서 가져온 용어다. 거의 모든 과학적 혁신은 전통과 결별하는 것을 포함한다. 만화경을 돌리는 용기가 필요하다. 시간을 내서 어떤 사람의 남모를 사연을 파악하면 다른 패턴이 나타나고, 그 사람이 전혀 다르게 보인다. 코비는 이렇게 말한다. "내 패러다임이 바뀌었다. 나는 갑자기 상황이 달리 보였다. 상황이 다르게 보였기 때문에, 내 생각이 달라졌고, 내 기분이 달라졌고, 내 행동이 달라졌다. 내 모든 짜증이 사라졌다. … 내 마음은 그 남자의 고통으로 가득해졌다. … 모든 것이 순식간에 변했다."[2]

러시아의 마트료시카 인형처럼 우리는 많은 층으로 이루어져 있다. 우리가 비판적으로 대하면 사람들은 자신이 숨기고 있는 정체성이나 비밀스럽게 품고 있는 불안을 드러내지 않는다. 우리는 그들의 마음 깊은 곳으로 들어갈 수 없다. 우리가 자신의 비밀을 드러내면 상대방도 자신을 열어 보인다. 브레네 브라운의 말이 옳다. "취약한 상태를 유지하는 것은 다른 사람과의 연결을 경험하기 위해 감수해야 할 위험이다."[3] 우리가 먼저 경계를 풀면 사람들은 기꺼이 자신의 본모습을 드러낸다. 이것이 우리가 사람들에게 줄 수 있는 큰 선물이다. 이 선물을 주려면 우리 자신을 파격적으로 열어 보이고 거룩한 호기심을 발휘해야 하지만 그 결과로 초자연적인 공감이 이루어진다.

프레드릭 뷰크너는 회고록인 《하나님을 향한 여정》에서 자신이 어릴 때 아버지가 자살한 일이 자신에게 어떤 영향을 미쳤는지를 고백한다. 이런 종류의 트라우마는 '넘어서기는' 어렵지만 '그 가운데를 통과해서' 빠져나올 수는 있다. 뷰크너는 "내 얼굴 아래를 보면, 나는 우리 가족 매장지다"라고 말했다.[4] 우리의 의식적인 행동과 무의식적인 행동에 영향을 미친 유전적, 후생적(epigenetic) 요인들이 있다. 좋은 모습이든 나쁜 모습이든 우리는 가족 시스템의 창조물이다.

어릴 때 우리는 자아를 방어하기 위해 방어기제를 개발한다. 우리는 관심을 끌기 위해 적응 전략을 사용한다. 나이를 먹으면서 이런 전략은 좀 더 정교해질 수 있다. 화가 난다고 마구 짜증 내는 어른은 그리 많지 않으니 말이다. 그럼에도 우리는 여전히 자신도 모르는 희망과 두려움에 따라 움직인다.

새로운 사람을 만나면 당신은 그 사람의 그 당시 그 모습만 알 수 있을 뿐이다. 그것은 마치 책의 117페이지를 펴서 거기서부터

2부 공감과 용서의 언어, "미안합니다"의 사회학

읽기 시작하는 것과도 같다. 우리는 그 사람의 최신 버전을 마주하고 있는 것이다. 하지만 그 사람은 끝없이 복잡한 존재다. 그 사람은 한 해 한 해 경험한 일과 영향 받은 일들이 쌓여서 현재의 모습이 된 것이다. 뷰크너는 자신 안에 묻혀 있는 과거의 자아들에 대해 이렇게 묘사했다.

> 내 예전의 모습들은 모두 그곳에 묻혀 있다 ─ 천방지축으로 날뛰던 사내아이, 어머니의 자랑거리, 여드름 난 소년이자 남몰래 성욕으로 들끓던 아이, 마지못해 입대한 보병, 새벽에 병원의 유리 창문을 통해 첫 아이를 보던 아빠. 이 모든 자아는 더 이상 내가 아니다. 심지어 그들이 걸쳤던 몸도 더 이상 나의 몸이 아니다. 애를 쓰면, 그들에 관한 기억들의 조각을 모을 수 있기는 하지만, 그들의 피부 안에 살던 느낌이 어떤 것인지는 더 이상 기억할 수 없다. 하지만 그들은 지금까지도 내 피부 안에 살고 있다. 그들은 내 안의 어딘가에 묻혀 있다. 그 특정한 노래, 맛, 냄새, 광경, 날씨는 이 존재들을 불러올 수 있다. 나는 그들과 똑같지 않지만 다르지도 않다. 당시 그들의 모습이 현재 나의 모습을 형성했기 때문이다.[5]

상대방이 살아온 삶을 알면 그 배경 안에서 그들을 제대로 볼 수 있다. 성경해석학에는 명료한 법칙 한 가지가 있다. "배경(context)을 벗어난 텍스트(text)는 잘못된 해석을 뒷받침하는 구실(pretext)이다." 이 법칙은 성경뿐 아니라 사람에게도 적용된다. 맥락을 벗어나면 편견을 갖게 된다. 이는 모든 사실이 다 제시되기도 전에 미리 결론을 내리는 것이다.

수년 전 나는 가정 전문 치료사에게 상담을 받으러 갔다. 내 안에는 불쑥불쑥 튀어나오는 무의식적인 슬픔이 있었다. 나는 그 슬픔을 해독하려고 노력하고 있었다. 상담을 받고 나서 나는 다른 사람들의 적응 전략을 더 잘 이해하게 되었다. 그들의 이상 행위가 옳다는 것은 아니지만 그들이 왜 그런 행위를 하는지 이해하는 데, 내가 받은 상담이 도움이 되었다. 다시 말하지만 상처를 입은 사람은 남에게 상처를 준다. 우리는 자신의 고통을 투사함으로써 자신의 자아를 보호하려고 할 때가 너무도 많다.

누군가의 방어기제로 인해 피해를 입으면, 우리의 본능적인 성향은 그 사람과 똑같이 갚아 주는 것이다. 그렇다면 어떻게 해야 우리가 다른 쪽 뺨을 그들에게 돌려 댈 수 있을까? 어떻게 해야 사람들에게 두 번째 기회를 줄 수 있을까? 그것은 사람들에 대한 거룩한 호기심에서 출발한다. 상대방 입장에서 생각하며 공감 근육을 사용해야 한다.

"우리가 적들의 내밀한 사정을 알 수 있다면, 그들 각자의 삶에 큰 슬픔과 고통이 있음을 알고 모든 적대감을 풀 수 있을 것이다."[6] 헨리 워즈워스 롱펠로가 한 말이다.

최근에 내 친구가 여당과 야당에서 각각 한 명씩 정부 고위 관리를 초대해서 방송을 진행한 적이 있다. 이 관리들은 일곱 시간 동안 자신의 인생 이야기들을 나누었다. 7분이 아니라 일곱 시간이다.

모든 문제에서 의견이 같아야만 서로 마음이 통할 수 있는 것은 아니다. 물론 시간을 내어 상대방의 이야기에 귀를 기울이고 좋은 질문을 던져야 한다. 그런데 대부분의 사람들은 그렇게 하기에 너무 바쁘다. 그래서 우리는 용서하기보다 싸우고, 돌보기보다는 관계를 끊고, 공감하기보다는 정죄한다. 우리는 사람들을 너무도 쉽게 포기한다.

욥의 친구들인 엘리바스와 빌닷과 소발은 욥이 치유되도록 돕는 대신, 그를 모욕하며 상처를 더 헤집어 놓았다. 이런 친구가 있다면 원수가 따로 없다. 누군가가 축 늘어져 있을 때 우리는 그를 더 몰아세우곤 한다. 하지만 우리는 그를 대신해서 헬멧을 쓰고 타석에 나서야 한다. 다시 말하면, 그를 위해 기도하라.

> "욥이 그의 친구들을 위하여 기도할 때 여호와께서 욥의 곤경을 돌이키시고 여호와께서 욥에게 이전 모든 소유보다 갑절이나 주신지라"(욥 42:10)

누군가가 슬퍼하고 있을 때 우리가 대신 상황을 해결해 줄 필요는 없다. 사실, 우리는 그럴 능력이 없다. 우리가 할 수 있는 것은 진심을 담아 "정말 안됐어요. 저도 마음이 아픕니다"(sorry)라고 말하는 것이다. 그와 함께 울어 주라. 그의 말을 귀 기울여 들으라. 하나님이 당신에게 두 번째 기회를 주신 것처럼, 당신도 그에게 다시 기회를 주라.

하나님의 사랑은 수동적이 아니라 능동적이다. 하나님의 사랑은 우리의 성과를 조건으로 삼지 않는다. 하나님의 사랑은 그분 본성의 표현이다. 다시 말해, 하나님은 사랑 자체이시다. 우리가 무슨 행동을 해도 하나님으로 하여금 우리를 조금이라도 '더' 혹은 '덜' 사랑하게 할 수는 없다. 하나님은 이미 우리를 완벽하게, 비할 데 없이, 무조건적으로 사랑하시기 때문이다.

내가 4학년일 때, 교장 선생님이 구내방송으로 로널드 레이건 대통령이 총에 맞았다는 충격적인 소식을 전했다. 그때는 1981년 3월 30일이었다. 암살 미수범 존 힝클리 주니어는 워싱턴 힐튼 호텔 근처에서 대통령을 저격했다.

총성이 들리면 우리는 본능적으로 재빨리 몸을 숨겨 자신을 보호하려 한다. 하지만 비밀경호국 요원들은 정반대로 행동하도록 훈련받는다. 힝클리가 22구경 리볼버로 총알을 발사하자 비밀경호국 요원 팀 매카시는 날개를 편 독수리 자세를 취해 자신을 최대한 큰 표적으로 만들었다. 매카시는 대통령을 구하기 위해 자신이 대신 총을 맞았다.

2천 년 전, 예수님은 십자가에서 날개를 편 독수리 자세를 취하셨다. 그분은 당신과 나를 대신해서 총에 맞으셨다. "우리가 아직 죄인 되었을 때에 그리스도께서 우리를 위하여 죽으심으로 하나님께서 우리에 대한 자기의 사랑을 확증하셨느니라"(롬 5:8).

우리가 '최악'의 모습일 때 하나님은 '최상'의 모습을 보여 주신다. 우리가 사랑받을 일말의 자격도 없어서 그 사랑을 전혀 기대할 수 없을 때, 하나님은 우리를 사랑해 주신다. 하나님은 우리를 결코 포기하시지 않는 분이다. 하나님은 두 번, 세 번, 아니 백 번이라도 기회를 주시는 분이다. 당신도 가서 그렇게 하라.

9.

사랑 안에서 진실만을 말하다

> 하나님은 온 세상에 나 한 사람밖에 없는 것처럼 우리 각자를 사랑하신다.
>
> - 아우구스티누스, 《고백록》

21세기 초 덴마크 코펜하겐에 세상에 둘도 없는 유형의 도서관이 설립되었다. 메네스케비블리오테케트(Menneskebiblioteket)라는 도서관인데, 덴마크어로 '인간 도서관'이라는 뜻이다. 이 도서관은 책을 읽는 곳이 아니라, 청각 장애인, 시각 장애인, 자폐 스펙트럼 장애가 있는 사람, 노숙자, 성폭력 피해자, 조울증 환자의 이야기를 듣고 그들과 대화하는 곳이다. 인간 도서관의 목적은 대화를 하게 함으로써, 고정관념과 편견을 허무는 것이다. 우리도 이 인간 책들에게 질문할 수 있다.

이 도서관의 모토가 참으로 마음에 든다. "판단을 철회하라."(Unjudge someone.) 정말 멋진 말이다.

바로 이것이 예수님이 산상수훈에서 가르치신 교훈이 아닌가? "비판을 받지 아니하려거든 비판하지 말라"(마 7:1). 예수님은 남의 눈에 있는 티끌을 보지 말고 먼저 자기 눈에서 들보를 빼라고 말씀하셨다(마 7:3-5). 래퍼인 아이스 큐브는 "자신을 망치기 전에 자신을 점검하는 편이 좋을 거야"라고 노래했다.[1] 구체적으로 어떻게 하면 될까? 우선, 한 번 말할 때 두 번 들어야 한다. 다시 말하지만, 이것이 하나님이 우리에게 귀는 두 개를 주시고 입은 하나를 주신 이유일지 모른다.

전 CNN 출입 기자인 프랭크 세스노는 《판을 바꾸는 질문들》에서 "똑똑한 질문이 더 똑똑한 사람을 만든다"라고 말했다.[2] 세스노는 열한 가지 종류의 질문을 자세히 설명했다. 거기에는 지적하는 질문, 공감하는 질문, 진단하는 질문 등이 있다. 물론 우리가 던질 수 있는 효과적인 질문 중 한 가지 유형은 사실 질문이 아니다. "계속 말씀해 주시겠어요?"처럼 상대방이 자기 이야기를 편안하게 이어 가도록 돕는 말이다.[3]

좋은 질문에는 다음과 같은 세 가지 핵심 요소가 포함된다.

1. "예"나 "아니오"로 답할 수 없는 개방형 질문을 하라.

2. 상대방이 뭔가를 한 번 이상, 한 가지 방식 이상으로 말하게 하는 맞장구식 질문을 하라.

3. 준거 틀을 바꾸는 변화구 같은 질문을 하라.[4]

질문하는 것과 함께, 기꺼이 우리 자신을 열어 보여야 한다. 내가 경험으로 알게 된 좋은 법칙이 있는데, 상대방의 죄를 지적하기 전에 자신의 죄부터 고백하면 큰 효과가 있다는 것이다. 토미 보이의 표현을 빌리자면 "내가 왜 엉망인지 말해 줄게"라고 하는 것이다.[5] 상대방과 같은 수준으로 내려가야 한다.

한 가지 조언을 더 해도 되겠는가? 비판하기 전에 칭찬부터 하라. 로사다 비율(Losada ratio)에 따르면, 우리는 비판 한 개당 칭찬 2.9개가 필요하다.[6] 사람들이 잘하는 순간을 포착해서 그 점을 인정해 주어야 한다.

나는 강점 탐구(appreciative inquiry)라는 리더십 스타일이 매우 효과적이라고 믿는다. 이것은 상대의 강점을 이용해서 그의 변화를 이끌어 내는 접근법이다. 간단하게 말해, 그가 더 많이 발휘했으면 하는 강점을 찾아 칭찬하라. 잘하는 점을 계속해서 칭찬해 주면, 잘못에 대한 지적도 기꺼이 받아들이게 된다. 요한계시록의 일곱 교회에 보낸 편지들에는 호된 꾸지람도 있다. 하지만 그 편지들은 칭찬으로 시작한다. 이 순서는 무의미하지 않다.

우리는 도시의 한 블록을 캐피털 턴어라운드(Capital Turnaround)라는 다목적 상거래 공간으로 개발하기 위해 컨설턴트를 고용했다.

그 컨설턴트는 우리에게 공감 지도(empathy map)를 만들도록 했다. 이는 인간 중심 설계 과정의 첫 번째 단계로, 고통 지점(pain points)과 이익 지점(gain points)을 찾는 데 도움이 된다. 공감 지도는 다음과 같은 질문을 던진다.

> 그들은 무슨 생각을 하는가?
>
> 그들은 무엇을 느끼는가?
>
> 그들은 무엇을 보는가?
>
> 그들은 무엇을 듣는가?
>
> 그들은 무엇을 말하는가?
>
> 그들은 무엇을 행하는가?

성육신의 핵심이 바로 공감 지도 만들기가 아닌가? "우리에게 있는 대제사장은 우리의 연약함을 동정하지 못하실 이가 아니요 모든 일에 우리와 똑같이 시험을 받으신 이로되 죄는 없으시니라"(히 4:15). 실제로 예수님은 광야에서 40일 동안 마귀와 대결하셨다(눅 4:1-13).

> "말씀이 육신이 되어 우리 가운데 거하시매 우리가 그의 영광을 보니 아버지의 독생자의 영광이요 은혜와 진리가 충만하더라"
>
> (요 1:14)

사랑은 은혜 더하기 진리다.

은혜는 "어떤 경우에도 너를 용서한다"라는 뜻이다.

진리는 "어떤 경우에도 네게 솔직히 말하겠다"라는 뜻이다.

은혜를 뺀 진리는 맵기만 할 뿐이다. 머리만 있을 뿐 가슴이 없다. 사람들은 당신이 그들에게 진심으로 관심이 있다고 생각하기 전까지는 당신이 얼마나 많은 진리를 알고 있든지 간에 그 진리에 관심이 없다.

진리를 뺀 은혜는 약하고 어설프다. 가슴만 있을 뿐 머리가 없다. 상대방의 기분을 상하게 하고 싶지 않다는 이유로, 그가 망하도록 내버려 둔다.

은혜 더하기 진리야말로 우리의 비법이다.

킴 스콧은 《실리콘밸리의 팀장들》에서 이렇게 말했다. "너무도 많은 사람들이 자신의 진짜 생각을 말하지 않는 경향이 있다. 부분적으로 이것은 사회적 적응 행동이다. 즉 갈등이나 난처한 상황을 피하기 위한 행동이다."[7] 해야 할 말을 하지 않을 때 우리는 스콧이 파괴적 공감(ruinous empathy)이라고 한 것에 빠진다.[8] 사랑은 상대방이 하는 말이나 행동을 모두 인정해 주는 것이 아니다. 사랑은 상대방의 생각이나 믿음에 모두 동의해 주는 것이 아니다. 참된 사랑, 엄한 사랑은 잘못을 지적해 줄 만큼 상대방을 아끼는 것이다. 이 사랑은 수동적 공격성이 없다. 이 사랑은 갈등을 회피하지 않는다. 이 사랑은 은혜와 진리가 완벽하게 동일한 비율로 결합된 사랑이다.

파괴적 공감에 대한 해법은 지독한 솔직함(radical candor)이다.

이 솔직함은 두 가지 차원이 있다. 인격적으로 아끼는 동시에 직접적으로 지적하는 것이다. 용어 자체는 새로울지 몰라도 지독한 솔직함은 그 옛날 성육신으로까지 거슬러 올라간다. 이 솔직함을 예수님만큼 잘 보여 준 분은 없다. 예수님은 은혜를 베푸는 것과 진실을 말하는 것의 완벽한 조합을 실천하셨다.

요한복음에는 간음 현장에서 붙잡힌 여인에 관한 이야기가 있다. 자기 의에 빠진 종교 지도자들은 그 여인을 돌로 쳐서 죽이고자 했다. 그러나 예수님은 "너희 중에 죄 없는 자가 먼저 돌로 치라"(요 8:7)라고 말씀하셨다.

실로 놀랍지 않은가? 예수님은 사람들의 적대감을 흩어 버리고 여인을 보호하셨다. "저 여인에게 돌을 던지려면 먼저 나를 죽이고 돌을 던져라." 이 여인이 사랑받으리라 조금도 기대하지 못했을 때, 솔직히 말해서 사랑을 받을 만한 일말의 자격도 없을 때, 예수님은 그 여인을 사랑하셨다. 예수님은 그 여인에게 은혜를 베푸셨다. 하지만 그와 동시에 진실을 가감 없이 말씀하셨다. "가서 다시는 죄를 범하지 말라"(요 8:11).

예수님은 여인의 죄를 모른 체하지 않고 정확히 지적하셨다. 예수님은 그녀의 죄를 꾸짖으셨다. 그러나 그녀를 구원하기 위해, 그리고 사려 깊은 방식으로 그렇게 행하셨다. 예수님은 그녀에게 두 번째 기회와 새로운 삶을 주셨다. 그분은 정죄하지도, 죄를 묵과하지도 않으셨다. 그분은 중도, 곧 세 번째 길을 찾으셨다. 사랑은 신념을 저버리지 않되 연민으로 움직인다.

상대와 다른 의견을 정중하게 제시하는 길이 있다. 하지만 그렇게 하려면 겸손한 담대함이 필요하다. 담대함은 옳은 것을 위해서 자신의 평판을 거는 것이다. 자신의 신념에 따라 살기 위해서는 막대한 용기가 필요하다. 잘못된 점을 지적하는 것을 잘못으로 여기는 문화에서는 더더욱 큰 용기가 필요하다. 담대함은 정치적 올바름보다 성경적 올바름을 선택하는 것이다.

우리 내셔널커뮤니티교회에서는 평화를 이루기 위한 다음 네 가지 원칙을 지킨다.

1. 잘 경청하라.
2. 무엇이든 질문하라.
3. 자유롭게 이견을 제시하라.
4. 여하튼 사랑하라.

자신과 다른 생각을 드러낸 사람을 배척하고 공적 대화나 사적 대화에서 정중함을 찾아보기 힘든 현재의 세태는 복음에 정면으로 반한다. 간음하다가 붙잡힌 여인의 이야기에는 간과하기 쉬운 부차적 줄거리가 있다. 예수님은 자신이 말한 조건에 맞는 분이었다. 즉 예수님은 죄가 없으셨다. 하지만 돌을 들지 않으셨다. 왜 그러셨을까? 답은 온전한 은혜에서 찾을 수 있다. 하지만 예수님이 사랑 안에서 진리를 말씀하셨다는 점도 놓치지 말아야 한다. 우리는 은혜와 진리 사이에 걸려 있는 줄 위로 걸어야 하며, 그 줄 위에서 균형을 유지할 수 있는 유일한 방법은 은혜와 진리를 둘 다 추구하는 것이다.

다른 사람과 상호작용할 때는 언제나 의견의 불일치가 있을 수밖에 없다. 누구에게 투표하고 누구를 지지할지에 관해 서로 의견이 다를 것이다. 정치적으로, 미적으로, 심지어 신학적으로도 각자의견은 다를 수밖에 없다. 이런 차이를 어떻게 다루는지를 보면 우리 인격에 관해서 많은 것을 알 수 있다. 우리는 은혜를 베푸는 자로행동하고 있는가? 다른 사람에게 두 번째 기회를 주고 있는가? 자신의 관점을 고수하면서도 다른 사람의 관점을 이해하려고 노력하고있는가? 아니면 나와 의견이 다른 사람을 배척하고 있는가?

나사로가 죽자 여동생들은 슬퍼하고 있었다. 기억하는가? 말은 엑스레이와 같다. 나사로의 여동생들은 예수님께 말했다. "주께서 여기 계셨더라면 내 오라버니가 죽지 아니하였겠나이다"(요 11:21, 32). 나만 그런 것인지 모르지만 수동적 공격성이 있는 말처럼 들리지 않는가? 마치 이렇게 말하는 듯하다. "주님의 잘못은 아니지만주님의 잘못이라고도 할 수 있습니다." 물론 그들의 말은 예수님이나사로의 죽음을 막아 주실 수 있었다는 깊은 확신에서 비롯되기는했다.

"미안합니다"를 진심으로 하지 않을 바에는 아예 하지 마라.

"미안합니다"를 성의 없이 할 바에는 아예 하지 마라.

"미안합니다"에 수동적 공격성이 담긴다면 역효과만 낳는다.

예수님은 나흘 늦게 오신 것 같다. 하지만 예수님은 사과할 이유가 전혀 없었다. 왜냐하면 예수님이 끝이라고 하시기 전까지는 끝이 아니기 때문이다. 하나님이 쉼표를 찍으신 곳에 마침표를 찍지 말라. 예수님은 말씀하셨다. "나사로야 나오라"(요 11:43).

죽은 나사로를 살리는 것이 "미안합니다"와 무슨 상관이 있는가? 보기보다 관계가 많다. 진심으로 하는 "미안합니다"는 사람들을 되살리는 것과 똑같은 효과가 있다. 누군가에게 두 번째 기회를 주는 것은 믿음과 소망과 사랑을 되살리는 행위다. "미안합니다"는 우리의 수의를 벗기는 방식이다.

이제 솔직하게 내면을 돌아볼 시간이다.

당신의 "미안합니다"는 동기가 순수한 만큼만 효과를 발휘한다.

다른 사람을 위해서 미안하다고 말하고 있는가?

아니면 단지 자신의 찜찜함을 떨쳐 내고자 미안하다고 말하고 있는가?

빌 클린턴 대통령과 모니카 르윈스키의 성 추문 당시, 빌리 그레이엄 목사는 백악관에서 대통령을 만나는 자리로 초대를 받았다. 당시 그레이엄 목사는 그 초대를 받아들였다는 이유로 크리스천들에게 적지 않은 비난을 받았다. 사람들은 그레이엄 목사가 클린턴의 죄를 눈감아 주고 있다고 생각했기 때문이다. 그때 그레이엄 목사는 비판자들에게 대답했다. "죄를 깨우치는 것은 성령의 일이고, 심판하는 것은 하나님의 일이다. 내 일은 사랑하는 것이다."

우리가 재판관과 배심원처럼 굴 때가 너무도 많다. 성경적인 신념을 버리라는 말이 아니다. 우리는 사랑 안에서 진실을 가감 없이 말해야 한다. 그렇다 해도 남을 심판하는 것은 우리의 일이 아니다. 그리고 사실, 우리는 자신의 싫은 면을 남에게서 찾아 비판하는 경향이 있다. 우리는 남을 깔아뭉갬으로써 자신을 높이려고 할 때가 많다. 바로 그럴 때 우리는 미안하다고 말해야 한다.

옳은 것과 의로운 것 중에서 무엇을 선택하겠는가? 둘 다 할 수 없다는 말은 아니다. 하지만 옳은 것을 더 추구한다면 '자기 의'가 될 수 있다. 그리고 대개 그것은 관계가 깨지는 결과로 이어진다. 자기 의견을 고집하느라 관계를 희생시킨다. 이런 상황에서는 "제발 (please), 멈추세요"라는 말밖에 생각나지 않는다. 그렇다. 방금 나는 "제발"(please)이라고 말했다. 우리를 깨우고 뒤흔들려면 무엇이 필요할까? 현대 문화 속의 냉소주의는 걷잡을 수 없는 수준까지 치닫고 있다. 실생활에서나 인터넷 상에서 일부러 화를 부추기는 일은 그만해야 한다. 비난하고 망신 주는 것도 멈춰야 한다.

서로 책임을 전가하는 게임에 승자는 없다. 이기기 위한 유일한 방법은 그 게임을 하지 않는 것이다. 망신 주기 게임과 프레임 씌우기 게임도 마찬가지다. 자신을 남과 비교하면 교만이나 질투에 빠진다. 두 가지 다 자신이 이기는 길이 결코 아니다. 자신을 남과 비교하면 백전백패다.

모든 사람이 거의 모든 일에 대해서 다른 사람을 탓하고 있다. 뉴스만 검색해 봐도 확연히 드러난다. 이제 이 패턴을 버리고 다른 방법을 시도해야 할 때다. 이 문제에 대한 기적 같은 해결책은 없지만 기적을 일으키는 말은 있다. "미안합니다"가 좋은 출발점이 될 수 있다. "미안합니다"는 수많은 문제의 해법이다.

일이 잘 풀릴 때 우리가 그 일에 대한 공을 덜 차지한다면? 일이 잘되지 않을 때 우리가 그 일에 대한 책임을 더 진다면? 용서는 조금 더 하고, 비판은 조금 덜 한다면?

다른 사람에게 손가락질하는 대신, 거울을 들여다봐야 할 때다. 우리가 해법의 일부가 아니라면 문제의 일부일 수밖에 없다. 우리 자신이 마구잡이로 총질을 하고 있으면서 남들이 무례하다고 불평하는 것은 앞뒤가 맞지 않는다. 우리가 먼저 우리 자신에게 더 높은 잣대를 적용해야 한다. 더 높은 잣대는 무엇인가? 그 잣대는 바로 지상대계명이다.

> "네 마음을 다하고 목숨을 다하고 뜻을 다하여 주 너의 하나님을 사랑하라 하셨으니 이것이 크고 첫째 되는 계명이요 둘째도 그와 같으니 네 이웃을 네 자신같이 사랑하라 하셨으니"(마 22:37-39)

우리는 지상대계명을 흔히 하나님을 사랑하는 것과 이웃을 사랑하는 것, 이렇게 두 부분으로 생각한다. 하지만 세 번째 차원이 있다. 바로, "네 자신을 사랑하라"는 것이다. 이 말이 이기적인 것처럼 들릴 수 있지만 좀 더 깊이 생각해 보면 사랑의 필수 요소 중 하나다. 자신을 사랑하지 않고서는 이웃을 사랑하기가 어렵다. 자신을 어떻게 사랑하면 될까? 하나님의 사랑을 받아들이면 된다. 하나님의 용서를 받아들이면 된다. 자신에 대한 하나님의 평가를 받아들

2부 공감과 용서의 언어, "미안합니다"의 사회학

이면 된다.

우리는 자신을 평가할 때 두 가지 실수를 한다. 하나는 교만이고, 다른 하나는 거짓 겸손이다. "하나님이 교만한 자를 물리치시고"(약 4:6). 거짓 겸손도 다른 사람에게 전혀 도움이 되지 않는다. 그것은 자신을 그리스도 안에 있는 자신의 본모습보다 못하게 생각하는 것이다.

용서하기 가장 어려운 대상이 바로 자기 자신이다. 우리는 다른 사람보다 자기 자신에게 더 가혹하게 구는 경향이 있다. 우리는 우리 자신의 가장 신랄한 비판자다. 몇 가지 이유로, 비난은 칭찬보다 우리 영혼의 더 깊은 곳까지 파고든다. 이것이 부정성 편향의 한 측면이다.

말이 나온 김에 중요한 차이점 하나를 짚고 넘어가자. 죄의 자각은 '고백하지 않은' 죄에 죄책감을 느끼는 것이며, 성령에게서 온다. 비난은 '고백한' 죄에 죄책감을 느끼는 것이며, 원수에게서 온다. "이제 그리스도 예수 안에 있는 자에게는 결코 정죄함이 없나니"(롬 8:1).

마이크 포스터는 *People of the Second Chance*(두 번째 기회의 사람들)이라는 책에서 다섯 가지 비난을 소개했다. "우리가 자기 자신에게 적용하는 규칙들은 음험하다. 그 규칙들은 운영 체제를 감염시키는 바이러스처럼 백그라운드에서 은밀히 작용한다."

1. 나는 두 번째 기회를 받을 자격이 없다.

2. 나는 나 자신의 수치다. 나는 나 자신의 치부다.

3. 나는 언제나 이렇게 느끼고 이렇게 살 것이다.

4. 내 최악의 순간으로 내 존재가 정의된다.

5. 내 삶과 내 꿈과 내 희망은 더 이상 중요하지 않다.[9]

남을 용서하지 못하고 있는가? 어쩌면 당신 자신을 용서하지 못한 탓은 아닐까? 바로 지금 자신을 용서하라.

10.

인간 내면의 복잡성을 인정하고 판단을 보류하다

우리는 지구상에서 화를 가장 안 내는 사람이어야 한다.
– 브랜트 한센, Unoffendable(화내지 않는)

　나는 다섯 살 때 〈위대한 임무〉(Return to the Hiding Place)라는 영화를 보고 예수님을 믿게 되었다. 이 영화는 유태인들을 숨겨 준 죄로 가족과 함께 나치 강제 수용소로 끌려간 코리 텐 붐의 삶을 그린다. 코리는 아버지와 언니를 잃었지만 끝까지 살아남았다. 수년 뒤 그녀는 독일로 돌아가 복음을 전했다.

　그렇게 복음을 전하던 중 코리는 라벤스브뤼크 강제 수용소에서 간수로 있던 남자를 만나게 되었다. 코리가 그의 얼굴을 보니 즉시 고통스러운 기억이 떠올랐다. 코리는 그 남자를 강제 수용소에서 가장 잔혹했던 간수로 기억했다. 남자는 코리에게 손을 내밀며 말했다. "은혜로운 설교였습니다, 선생님." 남사는 코리의 설교에 감사를 표시하고 나서 말했다. "선생님의 입으로 직접 듣고 싶습니다. 저를 용서해 주시겠습니까?" 그 순간, 시간이 멈춘 것만 같았다. 그것은 진실이 드러나는 순간이었다. 코리는 나중에 이렇게 회상했다. "사람들의 죄를 계속해서 용서하고 또 용서했던 내가 거기 서 있었고, 나는 용서할 수 없었다."

그 간수를 용서하는 것은 코리 텐 붐의 인생에서 가장 어려운 일이었다. 하지만 그녀는 용서가 감정의 행위가 아니라 의지의 행위라는 것을 알았다. 그녀는 마침내 손을 뻗어 그의 손을 잡았다. 그렇게 하자 기적 같은 일이 벌어졌다.

> 내 어깨에서 시작된 전율이 팔을 타고 우리가 맞잡은 손으로 흘러갔다. 이어서 이 치유의 따스함이 내 온 존재를 휘감는 것처럼 느껴지면서 눈물이 터져 나왔다.
>
> "형제님을 용서합니다. 진심으로요." 나는 울부짖었다. … 하나님의 사랑이 이토록 강렬하게 느껴진 적이 없었다. 하지만 그 와중에도 그것이 내 사랑이 아니라는 것을 깨달았다. 스스로 시도해 봤지만 내겐 그럴 힘이 없었다. 그것은 성령의 능력이었다.[1]

2부 공감과 용서의 언어, "미안합니다"의 사회학

이스라엘 백성은 애굽을 떠난 지 40년 만에 약속의 땅을 밟았다. 그들은 요단강 동쪽 기슭에 있는 길갈에 진을 쳤다. 그때 하나님이 말씀하셨다. "내가 오늘 애굽의 수치를 너희에게서 떠나가게 하였다"(수 5:9). 이스라엘 백성이 애굽에서 나오는 데는 하루가 걸렸지만 애굽이 이스라엘 백성에게서 나가는 데는 40년이 걸렸다. 이처럼 용서는 하루아침에 이루어지지 않는다. 때로는 40년이나 걸린다.

우리가 서로 미안하다고 말하고 온전히 용서하면 수치가 떠나간다. 그렇다고 우리가 절대 과거의 잘못을 다시 행하지 않는다는 뜻은 아니다. 구원은 하드웨어를 완전히 초기화하는 것과 같다. 우리의 죄는 사함을 받고 하나님의 기억에서 완전히 지워진다. 우리는 애초에 죄를 지은 적이 없는 것처럼 의로워진다. 하지만 다른 사람들에 대한 우리의 용서는 소프트웨어를 다시 부팅하는 것과 같다. 즉, 용서란 계속해서 다시 하고, 또 해야 하는 것이다.

서문에서 내가 쓴 일기를 기억하는가? 당시, 머릿속이 멍하고 가슴이 답답했다. 감정적으로 죽어 가는 것처럼 느껴졌다. 경고등이 켜지자 도움이 필요하다는 사실을 알았다. 그래서 상담을 받기 시작했고, 상담자는 내 속을 다 끄집어내어 바로잡는 용서의 과정을 밟게 했다. 상담자는 시간을 내서 하나님께 한 가지 질문을 하라고 말했다. "제가 용서해야 할 사람이나 일이 있습니까?" 나는 그 용서가 몇 분밖에 안 걸릴 줄 알았다. 하지만 그건 착각이었다. 성령은 내가 고백하지 않은 죄와 용서받지 못한 죄를 밝혀 주기 시작하셨다. 내가 고백한 죄보다 감추고 억눌러 왔던 죄가 훨씬 더 많았다.

나는 용서보다 불평을 훨씬 더 많이 하고 있었다.

최근에 본 만화에서 한 남자가 자신이 만든 커다란 구덩이 안에서 있었다. 그 남자는 주변 모든 사람에게 화를 내고 있었다. 그 아래 있는 지문이 남 얘기 같지 않았다. "행크는 43년 동안 모든 감정을 잘 억눌러 왔다. 그날 아침에 프레드가 종이 클립 하나를 빌려 달라고 부탁하기 전까지는 말이다."[2] 누군가가 약간 기분 나쁜 일에 과도하게 반응하면 십중팔구 그것은 현재 상황에 반응하는 것이 아니다. 그는 과거의 고통에 반응하는 것이다. 누군가가 감정적, 관계적, 영적으로 주변 사람들에게 피해를 입히고 있다면 십중팔구 그 사람 자신이 깊은 상처를 안고 살아가는 사람이다. 내가 바로 그런 사람이었다.

성령님은 많은 역할을 하신다. 치유하시고, 인을 치시고, 드러내신다. 권고하시고, 죄를 깨우치시고, 위로하신다. 그런데 성령님의 주된 역할 중 하나는 우리 무의식 속에 숨어 있는 동기와 억눌린 기억을 표면 위로 끌어내시는 것이다.

"기록된바 하나님이 자기를 사랑하는 자들을 위하여 예비하신 모든 것은 눈으로 보지 못하고 귀로 듣지 못하고 사람의 마음으로 생각하지도 못하였다 함과 같으니라 오직 하나님이 성령으로 이것을 우리에게 보이셨으니 성령은 모든 것 곧 하나님의 깊은 것까지도 통달하시느니라"(고전 2:9-10)

하나님의 영은 모든 것을 파악하신다. 그 모든 것에는 우리의 깊은 욕구까지 포함된다. 우리의 어두운 동기도 포함된다. 125조 개 이상의 시냅스들이 서로 교차하며 대뇌피질을 빽빽이 채우고 있는데[3], 성령님은 시냅스들의 틈인 40나노미터 공간 속에도 거하신다.

상담자가 처방한 대로 내가 용서의 과정을 밟는 동안 성령님은 온갖 기억을 표면 위로 끌어내기 시작하셨다. 그중에는 최근에 기분 나빴던 일에 관한 기억도 있었다. 묵은 상처에 관한 기억도 있었다. 그와 반대로, 내가 용서를 구해야 할 일도 있었다. 난생처음 도둑질을 했던 일이 기억났다. 음악 수업이었는데 정말 갖고 싶었던 야구 일정표가 선생님 책상에 있는 것을 보았다. 나는 선생님의 야구 일정표를 가져갔는데 선생님께는 사과하지 않았다. 이것이 용서받지 못할 죄는 아니라고 생각하지만 작은 여우가 포도원을 허무는 법이다(아 2:15). 몇 시간 동안 기도하고 회개하고 나니 천 근 같은 무거운 짐이 등에서 떨어진 것처럼 후련함이 느껴졌다. 바로 이것이 예수님이 우리에게 약속해 주신 것이다. "내 멍에는 쉽고 내 짐은 가벼움이라"(마 11:30).

우리가 용서하지 않는 데는 많은 이유가 있다. 우리는 다시 상처를 받을까 봐 두려워한다. 우리는 상대방이 우리에게 준 고통과 상처만큼 그도 대가를 치르기를 원한다. 또한 우리는 상대방이 먼저 다가오기를 바란다. 우리가 먼저 용서하면 우리가 약하게 보일까 봐 염려한다. 실상은 정반대인데도 말이다. 하지만 일단 용서하고 나면 이 모든 것이 이유 같지 않은 이유라는 사실을 발견하게 된다.

원망은 우리 목에 걸린 고무줄과도 같다. 앞으로 가려 해도 원망은 우리를 뒤로 잡아끈다. 앞으로 나아가기 위해서는 줄을 끊어야만 한다. 자신에게 상처를 준 사람의 악영향을 더 이상 허용하지말라. 그 사람이 더 이상 당신의 머릿속과 마음속에서 살도록 놔두지 말라. 남들의 이목에서 자신을 해방시키라. 도움이 된다면, 상징물로 용서를 확정하라. 상처를 쓴 종이를 풍선에 넣어 날려 보내라. 또는 내면의 상처를 쓴 종이를 상자에 넣어 땅에 묻어 보라. 모닥불을 피워 그 종이를 태워 버리면 더욱 좋다.

> "하나님의 성령을 근심하게 하지 말라 그 안에서 너희가 구원의 날까지 인 치심을 받았느니라 너희는 모든 악독과 노함과 분 냄과 떠드는 것과 비방하는 것을 모든 악의와 함께 버리고 서로 친절하게하며 불쌍히 여기며 서로 용서하기를 하나님이 그리스도 안에서너희를 용서하심과 같이 하라"(엡 4:30-32)

R. T. 켄달은 말했다. "우리가 삶 속에서 성령을 근심하게 하는주된 방식은 마음에 원망을 품는 것이다."[4] 이어서 그는 반대 상황을 이야기했다. "원망이 없으면 성령이 우리 안에서 본래의 모습으로 계신다. … 성령은 근심하시지 않을 때 우리 안에서 편안히 계신다."[5]

하나님과의 친밀함을 잃었다면 당신의 마음에 원망이 있는 것은 아닐까? 모든 지식에 뛰어난 평강을 잃었다면 당신이 용서하지 못한 일이 있는 것은 아닐까? 주님이 주신 기쁨을 잃었다면 마음속에 원한이나 화를 품고 있는 것은 아닐까? 시간을 내서 하나님 앞에 앉아 이렇게 물으라. "제가 용서해야 할 사람이나 일이 있습니까?"

우리가 남에게 준 상처와 받은 상처에 관해서 두 가지 길이 있다. 그 상처를 억누를 수도 있고, 고백할 수도 있다. 무엇이든 우리가 억누르는 것은 결국 우리를 우울하게 만든다. 그리고 앞서 말했듯이 그것은 비치볼처럼 계속해서 떠오른다. 잠시 동안은 그것을 물속에 감출 수 있을지 몰라도 결국 표면 위로 올라온다. 앞서 소개한 일화에서 프레드가 행크에게 종이 클립을 요구하는 것 같은 작은 자극만 가해지면 곧바로 폭발한다. 원망은 수많은 상처를 내서 자기 자신을 서서히 죽이는 길이다.

2011년 나는 《서클 메이커》란 책을 냈다. 그 책은 수백만 부 팔렸고, 그 책으로 기도 생활하는 데 좋은 영향을 받았다는 간증을 수없이 들었다. 그런데 솔직히 일부 부정적인 리뷰를 보고 약간 충격을 받기도 했다. 오해는 하지 마라. 동정을 구하고자 하는 말은 아니다. 리뷰의 1퍼센트만 별 하나였고 86퍼센트는 별 다섯 개였다. 그런데 별 하나짜리 리뷰 몇 개가 우리를 정말 무겁게 짓누를 수 있다. 악한 동기를 가졌거나 거짓 교리를 신봉하는 사람들이 온갖 이유로 나를 모함하는 리뷰를 올렸다. 심지어 내가 치즈케이크 팩토리에서 음식을 먹었다고 꾸짖는 글을 쓴 사람도 있었다. 거기에서 음식을 먹은 게 잘못이라면 나는 계속해서 잘못을 할 수밖에 없다. 정말이지 많은 사람이 온라인에서 내게 악플을 남겼다. 하지만 다행히 나는 올해의 말씀을 내게 딱 맞는 것으로 선택한 상태였다.

"허물을 용서하는 것이 자기의 영광이니라"(잠 19:11)

올해의 말씀을 고를 때는 신중하게 고르라. 하나님이 그 말씀을 실천할 기회를 수없이 주실 테니 말이다. 물론 완벽히 성공하지는 못했다. 나는 적잖이 화를 내고 말았다. 사실, 하나의 비판 더하기 천 개의 칭찬은 하나의 비판과 같다. 그렇다 해도 나는 화를 품지 않는 것을 나름대로 잘 해낼 수 있었다. 그 이유는? 미리 결심했기 때문이다. 남들이 무슨 말이나 행동을 해도 화를 품지 않겠다고 사전에 결심했다.

사도행전을 보면 스데반이 돌에 맞아 죽을 때 마지막으로 한 행동은 무릎을 꿇고 기도한 것이었다. 스데반은 마지막 숨을 내쉬면서 말했다. "주여 이 죄를 그들에게 돌리지 마옵소서"(행 7:60). 우리는 용서하기로 미리 결심할 뿐 아니라 평생 계속해서 결심해야 한다.

공백을 부정적인 가정들로 채우면 항상 화를 품을 수밖에 없다. 사람들을 일단 긍정적인 시각으로 바라보라. 일이 안 좋게 흘러갈 때 희생자처럼 굴지 말라. 일이 잘 풀릴 때 하나님 행세를 하지 말라.

나는 죽는 날까지 계속해서 용서할 것이다.

나는 죽는 날까지 계속해서 사과할 것이다.

대학원에 다닐 때, 나는 조하리의 창(Johari window)이라는 흥미로운 모형을 처음 알게 되었다. '조하리'라고 하니까 뭔가 멋지게 들

2부 공감과 용서의 언어, "미안합니다"의 사회학

리지만, 이 모형을 만든 두 남자의 이름을 조합한 것이다. 조셉 루프트(Joseph Luft)와 해리 잉햄(Harry Ingham)이 그들이다. 이 모형은 우리 정체성의 네 차원을 의미하는 네 가지 창으로 이루어져 있다.

첫 번째 차원은 열린 창(arena/open)이다. 이 차원은 자신에 관해서 자신도 알고 있고 남들도 아는 것들로 구성된다. 페이스북이나 비즈니스 인맥 사이트인 링크드인(LinkedIn)의 프로필이 그런 것들이다. 이것은 우리가 남들 앞에서 보이는 모습이다. 이것은 모두가 보는 우리의 모습이다. 이것은 우리가 직장에서 하는 행동이다. 이것은 우리 정체성에서 가장 잘 드러나는 특징이다.

두 번째 차원은 숨겨진 창(façade/hidden)이다. 이 차원은 자신에 관해서 자신은 알지만 남들은 모르는 것들로 구성된다. 이것은 또 다른 자아(alter ego)다. 이것은 아무도 보지 않을 때의 우리 모습이다. 이것은 오즈의 마법사를 가리고 있는 커튼 뒤에 있는 현실이다. 자신이 사기꾼처럼 느껴지고 가면 증후군에 시달리기도 한다.

내가 볼 때 우리는 또 다른 자아(alter ego)와 제단 자아(altar ego) 중 하나를 형성한다. 또 다른 자아는 본모습이 아닌 다른 모습이 자신인 척한다. 문제는, 그 다른 모습이 자신이 아니라는 것이다. 솔직히, 그렇게 사는 것은 지독히 피곤한 삶이다. 있는 그대로 살아가는 것이 편하다. 그것이 어렵다면 다른 길은 무엇인가? 교만, 수치, 정욕, 분노, 실수를 십자가 아래에 내려놓는 것이다. 나는 이것을 제단 자아라고 부른다. 이것은 우리의 시간, 재능, 재물, 과거와 현재와 미래까지 우리 자신을 하나님께 바치는 것이다.

세 번째 차원은 보이지 않는 창(blind-spot)이다. 이 차원은 자신에 관해서 남들은 알지만 자신은 모르는 것들로 구성된다. 이런 부분에서 우리의 잘못을 지적해 줄 만큼 우리를 아끼는 친구들이 필요하다. 꾸짖을 것은 꾸짖어 줄 친구가 필요하다. 우리 안의 잠재력을 찾아서 끌어 줄 선지자들이 필요하다. 물론 우리에게도 들을 귀가 있어야 한다. 휴스턴 스미스는 "성숙한 사람들은 지적받는다고 화내지 않는다"라고 말했다. 왜 그럴까? "그들은 충고를 듣고 있는 일시적인 현재의 자아보다 지적당함으로써 유익을 얻는 장기적인 미래의 자아를 본다."[6] 성장을 추구하는 사람은 모든 지적을 받아들이려고 한다.

네 번째 차원은 미지의 창(unknown)이다. 이 차원은 자신에 관해서 자신도 모르고 남들도 모르는 차원이다. 이 부분은 하나님만이 밝혀 주실 수 있다. 하나님은 우리에 관해서 우리 자신보다도 더 잘 아시기 때문이다. 자신의 진짜 모습을 알고 싶다면 하나님을 찾으라. 하나님을 찾을 때 그리스도 안에서 우리의 진짜 정체성을 발견할 수 있다. 잠재력을 극대화하고 싶다면 애초에 그 잠재력을 주신 하나님과의 관계 속으로 들어가라.

또한 이 차원에서 우리는 성령의 도우심이 필요하다. 나는 용서의 과정을 밟으면서 내가 얼마나 많은 원망과 화를 품고 있는지를 분명히 보게 되었고 적잖이 충격을 받았다. 은혜로우신 성령님은 우리의 죄를 깨우치시는 동시에 우리를 위로해 주신다. 이것은 취사선택의 문제가 아니다. 죄를 깨닫는 것과 위로를 받는 것, 둘 다

필요하다. 성령님이 하시는 '모든' 말씀에 귀를 열지 않으면 그분의 '어떤' 음성도 들을 수 없다. 이것은 패키지 상품이기 때문이다. 죄를 깨우치시는 음성에 마음을 닫으면 위로의 음성도 들을 수 없다.

당신의 삶 속에서 가장 크게 들리는 목소리는 무엇인가? 성령의 세미한 음성인가? 그렇다면 미안하다는 말을 보통 사람보다 많이 할 것이다. 또한 보통 사람보다 용서를 더 많이 할 것이다. 누군가에게 당해도 화가 나지 않으니 용서하고 사랑할 수밖에 없다.

당신이 용서해야 할 사람이 있는가?

그렇다면 왜 주저하고 있는가?

3부

감사와 베풂의 언어,
"고맙습니다"의 신학

Please

Sorry

Thanks

고맙다는 말을 다양하게 표현할 수 있다.

고마워.

정말 고마워.

대단히 고맙습니다.

정말 고맙습니다.

무슨 말로 감사를 드려야 할지 모르겠습니다.

우리 가족은 네 가지 핵심 가치, 곧 감사와 후하게 베풂, 겸손과 용기를 추구한다. 이 네 가지는 서로 중복되는 면이 있지만 감사야말로 핵심 중의 핵심이다. 감사는 마땅한 곳으로 공을 돌리는 것이다. 감사는 선하고 온전한 모든 선물이 하나님에게서 온다는 사실을 마음 깊이 인정하는 것이다(약 1:17). 네덜란드 신학자이자 전 총리인 아브라함 카이퍼에 의하면, "모든 것을 주권적으로 다스리시는 그리스도께서 우리 인간 존재의 모든 영역에서 '내 것!'이라고 선포하시지 않는 곳은 단 한 평도 없다."[1]

모든 것은 하나님으로부터 왔고, 모든 것은 하나님을 위한 것이다. 앨버트 아인슈타인은 이렇게 말했다. "인생을 사는 방식은 오직 두 가지밖에 없다. 한 가지 방식은 아무것도 기적이 아닌 것처럼 살아가는 것이다. 다른 방식은 모든 것이 기적인 것처럼 살아가는 것이다." 많은 사람이 기적을 경험한 적이 없다고 말한다. 그러나 전혀 그렇지 않다. 세상에 기적을 경험한 적이 없는 사람은 단 한 명도 없다.

인간의 몸에서 항상 37섹스틸리언(1,000의 7제곱) 화학 반응이 일어나고 있다는 사실을 아는가?[2] 망막에는 1초마다 백억 개에 가까운 계산을 수행하는 1억 개의 뉴런이 있다.[3] 하나의 이미지가 시신경에서 시각 피질로 이동하기도 전에 그토록 많은 계산이 이루어진다. 심장박동 한 번마다 혈액 6리터가 장장 약 10만 킬로미터 길이의 정맥, 동맥, 모세혈관을 통과한다. 그리고 DNA를 빼놓을 수 없다. 세상 누구와도 똑같지 않은 당신의 유전자 코드를 일자로 쫙 펴면 태양계 지름의 두 배나 된다.

이런데도 당신은 기적을 경험한 적이 없다고 생각하는가?

영국의 작가이자 철학자였던 G. K. 체스터턴은 어떤 것도, 즉 한 번의 일출, 한 번의 미소, 단 1초의 시간이라도 당연하게 여기지 말아야 한다고 강조했다. 그는 "모든 것을 당연하게 여기지 않고 고맙게 여긴다는 개념"이 "내 인생에서 가장 중요한 개념"이라고 말했다.[4]

모든 것을 당연하게 여기고 있는가?

아니면 모든 것을 고맙게 여기고 있는가?

체스터턴은 "어른들은 단조로움을 좋아할 만큼 강하지 않다"라고도 말했다. 그러면서 이렇게 썼다. "아마도 하나님이시기에 아침마다 해를 향해 '다시 떠올라라'라고 말씀하시고, 밤마다 달을 향해 '다시 떠올라라'라고 말씀하시는 것인지도 모른다. … 자연 속의 반복은 단순한 반복이 아니라 영화의 '앙코르' 같은 것인지도 모른다."[5]

우리가 하루하루를 앙코르로 여긴다면 어떨까? 아니, 하루하루는 실제로 앙코르다. 오늘과 똑같은 날은 없었고 앞으로도 없을 것이다. 감사는 하루하루가 인생의 첫날이자 마지막 날인 것처럼 사는 것이다.

프랑스 시인 자크 레다는 매일 새로운 것을 보겠다는 마음으로 파리의 거리를 거니는 습관이 있었다. 그런 식으로 그는 사랑했던 도시로 인한 감사의 마음을 매일 새롭게 회복했다.[6] 이런 의도성이 없다면 주변에 가득한 복을 알아보지 못한다. 이것을 전문 용어로 '무주의 맹시'(inattentional blindness)라고 한다. 주의를 기울이지 않으면 바로 눈앞에 있는 것도 보지 못한다는 것이다.

엘리자베스 배렛 브라우닝은 다음과 같은 시를 썼다.

> 땅은 하늘로 가득하네.
> 흔한 떨기나무마다 하나님으로 타오르고 있네.
> 하지만 오직 볼 줄 아는 자만 신을 벗네.
> 나머지는 주변에 앉아서 블랙베리만 따고 있네.[7]

당신은 신을 벗고 있는가?

아니면 주변에 앉아서 블랙베리만 따고 있는가?

"멈춰서 장미 향기를 맡아 보라"라는 표현이 있다. 이 표현은 메이저 대회에서 열한 번이나 우승한 프로 골퍼 월터 하겐이 한 말이다. "걱정하지 말고 서두르지도 마라. … 꽃향기를 꼭 맡아 보라."[8] 이것은 서둘지 말고 여유롭게 인생을 맛보라는 말이다. 간단하게 말해, 여정을 즐기라! 예수님은 이런 표현을 사용하셨다. "들의 백합화가 어떻게 자라는가 생각하여 보라"(마 6:28).

수년 전, 인도에서 온 교환학생이 우리 교회를 방문했다. 그 학생은 눈을 본 적이 없었다. 그래서 밤새 폭설이 쏟아진다는 일기예보가 나오자 그는 새벽 3시에 알람을 맞춰 놓았다. 기적을 놓치고 싶지 않았기 때문이다. 그 말을 듣고 나는 크게 웃었다. 그러다 문득 내 잘못을 깨달았다. 나는 그가 즐긴 것을 완전히 놓치고 살아왔다.

"아름다움은 보는 사람의 눈에 달려 있다"라는 말을 기억하는가? 이 말은 세상 모든 것에 적용된다. 방금 내린 눈 위로 온몸을 던져 본 적이 언제인가? 예배의 행위로서 석양을 즐긴 적은 언제인가? 곤히 잠든 아기를 한참 바라보며 경이감에 젖은 적은 언제인가? 밤하늘을 지긋이 응시해 본 적은 언제인가? 사랑하는 이의 웃음을 즐긴 적은 언제인가?

11.

호흡할 때마다 하나님을 찬양하다

> 한 번 숨을 쉴 때마다, 우리는 말 그대로 세상의 역사를 들이마신다.
> - 샘 킨, 《카이사르의 마지막 숨》 표지 글

우리는 숨이 막히거나 물에 빠지거나 높은 고도에서 공기가 희박해지기 전까지는 호흡에 관해서 별로 깊이 생각하지 않는다. 사람은 평균적으로 4초에 한 번씩 숨을 마시고 내쉰다. 그렇다면 매일 21,600번의 숨을 쉬는 셈이다. 대부분의 사람들은 평생 총 607,478,400번의 숨을 쉬게 될 것이다. 하지만 그것을 직접 세는 사람은 없다.

3부 감사와 베풂의 언어, "고맙습니다"의 신학

숨 쉬는 것만큼 평범한 일도 거의 없지만, 숨 쉬는 것만큼 기적적인 일도 별로 없다. 숨을 한 번 쉴 때마다 우리는 반 리터의 공기를 들이마시며, 이 공기는 12.5섹스틸리온 분자로 이루어져 있다.[1] 이것은 지구상 모든 해변에 있는 모든 모래를 합친 것보다도 많은 숫자다.

한 번 숨을 쉬어 보라.

우리 폐의 표면에서 쑥 들어가고 주름진 틈을 모두 쭉 펴면 테니스 코트 크기가 된다.[2] 그리고 기관에서 기관지까지의 총 길이는 2,400킬로미터나 된다. 샘 킨은 《카이사르의 마지막 숨》이란 책에서 말했다. "인류 역사 속에 존재해 온 세상의 모든 도로와 수로와 공항을 다 합쳐도 우리 폐가 매일 처리하는 것만큼 많은 통행량을 처리하지 못한다."[3]

숨을 쉴 때마다 우리는 분자들의 복잡한 조합을 들이마신다. 물론 가장 중요하게 여겨지는 요소는 산소다. 산소 없이는 단 몇 분도 생존할 수 없다. 일단 우리가 산소를 마시면 적혈구들은 우리에게 생명을 주는 원자들을 마치 빠른 배송 서비스인 아마존 프라임처럼 신속히 배달한다. 아마존은 트럭 4만 대, 밴 3만 대, 항공기 70대를 갖추고 있다. 드론은 얼마나 많은지 헤아릴 수 없을 정도다.[4] 실로 엄청난 숫자다. 드론이 특히 놀랍다. 하지만 그 엄청난 시스템도 평범한 인간에 비하면 빛이 바랜다. 당신은 25조 개 적혈구를 갖고 있고, 적혈구 하나하나에는 2억 6천만 개 헤모글로빈이 있다.[5] 이 헤모글로빈은 산소 원자들을 항상 늦지 않게 배달한다.

우리가 내쉬는 숨은 공중에서 사라지는 것처럼 보일지 모르지만 그 숨을 구성하는 분자들은 여전히 존재한다. 우리가 내쉬는 공기는 정상적인 조건에서는 탁월풍을 타고 약 2주 동안 같은 위도에서 지구를 한 바퀴 돈다. 킨에 따르면, "우리의 숨이 지나간 면적은 약 2개월이면 북반구 전체를 망라한다. 1-2년 안에는 지구 전체를 망라한다."[6]

《카이사르의 마지막 숨》에서 샘 킨은 호흡이라는 주제로 주변 공기를 보는 우리의 시각을 근본적으로 바꿔 놓는다. "우리는 숨을 쉴 때마다 말 그대로 세상의 역사를 들이마신다. BC 44년 3월 15일, 율리우스 카이사르는 칼에 맞아 상원 바닥에서 죽었지만 그의 마지막 숨에 관한 이야기는 여전히 회자되고 있다. 실제로 당신은 지금 그 숨의 일부를 마시고 있는지도 모른다. 이 순간 당신의 폐로 들어오거나 나가는 수없이 많은 분자들 중 일부는 클레오파트라가 썼던 향수의 흔적을 품고 있을지도 모른다."[7]

한 번 더 숨을 쉬어 보라.

생일 풍선을 불기 직전처럼 공기를 폐에 가득 채워 보라. 폐가 최대 용량까지 확장되는 것이 느껴지는가? 우리가 마시는 역사는 눈에 보이지 않을지 몰라도, 생리적 효과는 분명히 느껴진다. 심호흡은 신경을 안정시키고 관심을 집중시킨다. 심호흡은 스트레스를 풀어 주고 고통을 완화한다. 심호흡은 정신 상태를 원래대로 회복시키고 감정 상태를 조절한다. 심호흡은 몸의 나머지 부분에 '나는 안전하다'라고 보내는 신호다.

호흡은 자율신경계가 통제한다. 호흡은 자동적으로 이루어진다. 곤히 잠자고 있을 때도 저절로 호흡이 이루어지는 것은 실로 놀라운 일이다. 하지만 심호흡 한 번으로 자율 통제를 수동 통제로 전환할 수 있다.

자율신경계에는 서로 짝을 이루는 두 부분이 있다. 그중 교감신경계는 투쟁-도피 반응을 관장한다. 그것은 화재경보기처럼 기능하고, 아드레날린 분비를 촉진시킨다. 부교감신경계는 정반대 기능을 한다. 마치 휴양지 음악과 향수 디퓨저처럼 긴장을 풀어 준다. 세로토닌과 옥시토닌처럼 기분 좋게 하는 호르몬을 몸의 나머지 부분으로 보낸다.

이제 이 내용을 다음과 연결 지어 생각해 보라.

교감신경계에 연결된 신경의 대부분은 폐의 위쪽에 위치한다. 그래서 우리가 얕은 숨을 쉬면 투쟁-도피 반응이 촉진된다. 부교감신경계에 연결된 신경의 대부분은 폐의 아래쪽에 위치한다. 그래서 긴장을 풀려면 숨을 깊이 들이마셔야 한다. 자유투를 던져야 할 때, 격렬한 논쟁에서 침착함을 유지해야 할 때, 성경을 묵상할 때, 심호흡이 도움이 된다. 심호흡은 몸과 혼과 영을 회복시켜 준다.

"호흡이 있는 자마다 여호와를 찬양할지어다"(시 150:6)

이것은 시편의 마지막 구절인데, 나는 여러 이유로 이 시편을 사랑한다. 당신이 아직 숨을 쉬고 있다면 하나님은 아직 당신을 포기하지 않으신 것이다. 하나님이 뜻하신 사람으로 성장해 가기에 너무 늦은 때란 없다. 또한 이 구절은 예배로 초대하는 메시지다. 스크린 위의 가사나 무대 위의 밴드는 필요하지 않다. 그저 숨만 쉴 수 있으면 된다. 우리의 호흡만으로도 하나님을 찬양해야 할 충분한 이유가 된다.

히브리어에서 하나님의 이름은 야훼(Yahweh)다. 이 이름은 너무 신성해서 입 밖으로 내면 안 되는 것으로 여겨졌다. 그래서 모음을 빼 버렸다. 남은 것은 자음뿐이다. 바로, YHWH. 일부 학자들에 따르면 YHWH는 숨 쉬는 소리다. 하나님의 이름은 너무 신성해서 발음해서는 안 되는 것이지만, 우리는 숨을 쉴 때마다 이 이름을 속삭인다. 이 이름은 우리의 첫 말이자 마지막 말이요 그 사이에 있는 모든 말이다.

내가 호흡에 관심이 많은 것은 40년 동안 천식에 시달린 탓이기도 하다. 수백 번 드렸던 담대한 기도를 2016년 7월 2일에 다시 드렸더니 하나님은 그날 내 폐를 완전히 치유해 주셨다. 그날부터 지금까지 흡입기를 사용할 일이 없었다. 이제 나는 단 한 번의 숨조차 당연하게 받아들이지 않는다. 이 과정에서 내가 배운 교훈은 부분적인 기적에 대해서도 하나님께 감사해야 한다는 것이다.

복음서에는 놀랍고도 고무적인 2단계 기적이 기록되어 있다(막 8:22-25). 예수님이 눈이 먼 남자에게 손을 대시자 그의 눈이 회복되는 기적이 일어났다. 하지만 완전히 회복되지는 않았다. 그의 눈에는 사람들이 걸어 다니는 나무처럼 보였다. 시력이 한 20퍼센트쯤

3부 감사와 베풂의 언어, "고맙습니다"의 신학

회복된 상태가 아닐까 싶다. 이런 상황에서 많은 사람이 부분적인 기적에 대해 하나님을 찬양하는 대신 그분을 의심한다. 하지만 생각해 보라. 예수님도 두 번 기도하셔야 했다. 어떤 기적은 단계적으로 이루어진다. 그럴 때 우리는 기도와 금식을 배가해야 한다. 우리는 부분적인 기적에 대해 찬양하지 않고 온전한 기적이 왜 이루어지지 않는지 의아하게 여길 때가 너무도 많다. 그러나 '일보후퇴, 이보전진'이 반복된다 하더라도 그 모든 걸음마다 하나님을 찬양해야 마땅하다.

2016년 7월 2일, 나는 담대한 기도를 드렸다. 그때 하나님은 내 폐를 온전히 회복시켜 주셨다. 하지만 그 이야기에는 부분적인 기적이 포함되어 있다. 그날로부터 한 달 전, 나는 메인 주의 캐딜락산에 올랐다. 그 산은 내가 등반했던 가장 높은 산은 아니었지만 흡입기의 도움 없이 등반한 것이 내게는 실로 엄청난 성과였다. 사실, 그때 나는 흡입기 없이 나흘을 버텼다. 천식에 걸린 뒤로 흡입기를 쓰지 않고 그렇게 오래 버티기는 처음이었다. 그래서 하나님이 내 천식을 완전히 치유해 주신 것이 아닐까라고 생각했다. 하지만 다섯째 날에는 흡입기를 써야 했다.

흡입기를 다시 써야 할 상황이 오자 맥이 확 풀렸다. 하지만 나는 흡입기를 다시 써야 한다는 사실에 초점을 맞추지 않고 나흘간 흡입기 없이 걸을 수 있었다는 사실에 하나님을 찬양하기로 선택했다. 실제로 나는 저녁 기도회에서 그 부분적인 기적에 대해 공개적으로 하나님을 찬양했다. 그로부터 일주일도 지나지 않아서 하나님은 내 천식을 완전히 치유해 주셨다. 이것이 우연이었을까? 나는 그렇지 않다고 생각한다. 부분적인 기적에 대해 하나님을 찬양한 것은 작은 한 걸음이었지만, 사실상 그것은 양쪽 폐 치유라는 갑절의 복으로 가는 큰 도약이었다.

부분적인 기적에 대해 하나님께 감사하는 것은 곧 자신의 복을 예언하는 것이다. 감사는 하나님이 기적을 행하신 '뒤에' 그분을 찬양하는 것이다. 반면, 믿음은 그분이 기적을 행하시기 '전에' 그분을 찬양하는 것이다. 그것은 기적을 위한 계약금을 내는 것과도 같다. 기적이 일어나기 전에 하나님께 감사하고 나서 무슨 일이 일어나는지 지켜보라. 그 감사가 도미노 효과를 일으킬지 누가 아는가?

당신이 하나님께 감사해야 할 부분적인 기적이 있는가?

숨을 깊이 들이마시라.

이제 담대한 기도를 드리라.

12.

처음 보듯 관찰하고 새롭게 사랑하다

> 나는 지금까지의 모든 나이가 쌓인 존재야.
> - 모리 슈워츠, 《모리와 함께한 화요일》

윌슨 벤틀리는 1885년 1월 15일에 최초로 현미경을 사용해서 눈송이 사진을 찍었다. 그는 말했다. "현미경 아래에서 눈송이가 아름다운 기적이라는 것을 발견했다. 모든 결정체는 디자인의 최고봉이었고, 어느 디자인도 반복되지 않았다."[1] 벤틀리의 말이 옳다. 세상에 서로 똑같은 눈송이는 단 하나도 없다. 과학자들은 눈송이의 형태가 10^{158}개나 되는 것으로 추정한다. 이는 우주상에 존재하는

원자의 종류보다도 10^{70}배나 많은 숫자다.[2]

월슨 벤틀리는 5,381장의 눈송이 사진을 찍은 것으로 알려져 있는데, 그중 2,300장은 그의 대표작 *Snow Crystals*(눈 결정)을 통해 공개되었다. 그의 거룩한 호기심은 나이를 먹어도 줄어들 줄 몰랐다. 실제로 그는 죽는 순간까지도 평생 살던 방식대로 살았다. 그는 눈보라를 뚫고 10킬로미터를 걸은 끝에 폐렴에 걸렸고, 결국 1931년 12월 23일에 숨을 거두었다. 끝까지 좋아하는 것을 하다가 죽다니, 정말 대단한 죽음이다.

언어학자 루시엔 슈나이더에 따르면, 캐나다 누나비크 지역의 이누이트 족 방언에는 눈(snow)에 해당하는 단어가 최소한 12개는 된다.[3] 그들은 여러 종류의 눈을 일일이 구분할 줄 알기 때문이다. 한편 언어학자들은 전 세계 수많은 언어에서 부정성 편향을 발견했다. "고통의 반대 개념인 즐거움보다 고통 같은 부정적 개념에 대한 동의어가 훨씬 더 많이 존재한다."[4] 이는 극복해야 할 문제점이다.

우리는 너무 뭉뚱그려 감사를 표현한다. 모든 형태의 눈 결정을 일일이 구별해서 즐길 줄 알아야 진정으로 눈을 즐긴다고 말할 수 있다. 내 말이 심하다고 생각하는가? 나는 그렇게 생각하지 않는다.

정통 유대교인들은 날마다 백 가지가 넘는 감사 기도를 드린다. 그들은 식사 전에도, 식사 후에도 감사 기도를 드린다. 그들은 주요리뿐만 아니라 여러 요소에 대해서도 하나님께 감사를 드린다. 그들은 향기와 맛에 대해서도 감사한다. 감사는 상세할수록 강력하다. "부탁합니다"와 "미안합니다"와 "고맙습니다"를 말할 때는 구체적으로 하는 것이 관건이다.

그리스 철학자 헤라클레이토스는 "누구도 같은 강에 두 번 들어 갈 수는 없다. 그 강은 같은 강이 아니고 사람 역시 같은 사람이 아니기 때문이다"라고 말했다. 모든 것은 변화한다. 그렇지 않은가? "고맙습니다"에 담긴 한 가지 비밀은 같은 것을 새롭게 다시 맛보게 한다는 것이다. 이것은 무언가에 대해 거듭거듭 기뻐하는 것이다. 이것은 천사들이 하는 행동이다.

"만세, 하나님, 만세! … 모든 천사가 '앙코르!'라고 외친다"

(시 29:1, MSG).

니콜라 테슬라는 인류 역사상 많은 발명품을 내놓은 발명가다. 테슬라는 미국 특허권을 백 개 이상 가지고 있다. 그의 가장 유명한 발명품인 교류 전기 시스템 덕분에 지금 우리는 집에서 전기를 쉽게 사용할 수 있다. 우리는 스위치를 켤 때마다 테슬라에게 감사해야 마땅하다.

테슬라는 의미 있고도 영감을 주는 의식을 지켰다고 한다. 뇌우가 칠 때면 그는 집에서 창문 근처 소파에 앉아 있곤 했다. 그는 번개와 천둥이 칠 때마다 벌떡 일어나서 하나님을 찬양했다. 한 천재가 우주의 천재이신 하나님께 기립 박수를 보낸 것이다.

지구에서는 매 순간 약 2천 번의 뇌우가 발생하고 있다. 번개는 1초에 약 40번씩 친다. 하루에 무려 346만 번을 치는 것이다. 실로 많은 기립 박수다. 시편 기자에 따르면 천사들은 번개와 천둥이 칠 때마다 "앙코르"를 외치고 있다(시 29:3 참조).

가장 최근에 창조주에게 박수를 보낸 적은 언제인가? 최근에 하나님께 기립 박수를 보낸 적은 언제인가? 최근에 아기의 미소나 어린아이의 웃음, 배우자의 손길에 대해 하나님께 감사한 적은 언제인가? 최근에 밤하늘이나 가을의 단풍, 꼭대기에 눈이 쌓인 산, 거대한 바다의 파도를 보고 감동이 밀려와 창조주를 예배한 적은 언제인가?

스코틀랜드 에세이 작가 토머스 칼라일은 말했다. "예배는 초월적인 경이감이다. 그것은 한계가 없고 측량할 수 없는 경이감이다."[5] 평생 동굴 속에서 살다가 난생처음 밖으로 나와 찬란하게 떠오르는 해를 본 사람을 상상해 보라. 우리가 매일 무관심하게 쳐다보는 것을 이 사람은 말할 수 없는 경이감으로 쳐다볼 것이다.

"고맙습니다"의 신학은 우리가 당연하게 여기는 것들에서 시작된다. 그 신학은 우리가 무시하고 감흥을 느끼지 못했던 것에 대한 깊은 감사를 기르는 것이다. 해돋이는 실로 엄청난 감사거리다.

이 순간, 지구는 시속 약 1,600킬로미터라는 엄청난 속도로 자전하고 있지만 우리는 균형을 유지하고 있다. 우리 행성은 시속 약 10만 킬로미터 속도로 우주를 질주하고 있지만 우리는 조금도 어지럽지 않다. 이것이 기적이 아니라면 무엇이 기적인지 모르겠다. 우리는 아무것도 하지 않고 방 안에 앉아 있는 날에도 250만 킬로미터의 우주여행을 한다. 놀랍지 않은가?

최근에 지구가 궤도를 유지하는 것에 대해 하나님께 감사한 적이 있는가? 최근에 하루를 마치고 "하나님, 지구가 오늘 한 바퀴를 잘 돌지 걱정이 되었는데 또다시 해내셨군요"라고 말한 적이 있는가? 우리는 그런 식으로 기도하지 않는다. 하나님이 그분의 일을 너무 완벽히 해내시기 때문에 우리는 그것을 당연하게 여긴다. 그러나 천사들은 "앙코르"라고 외친다. 우리도 그렇게 외쳐야 하지 않을까?

M. J. 라이언은 이렇게 썼다. "삶의 모든 것을 향해 사랑과 기쁨을 느끼고 감사할 수 있는 비결은 마치 난생처음인 것처럼 그 모든 것을 보고 듣고 느끼는 것이다. 우리가 사무실 창문 밖으로 늘 보는 구름과 찬란하게 파란 하늘, 오렌지의 톡 쏘는 과즙, 사랑하는 이의 보드라운 손길 앞에서 그렇게 하는 것이다. 그녀의 친절한 말, 그의 음악 같은 웃음소리에 너무 익숙해져서 그것들이 보이지 않게 되기 전에 말이다."[6]

모든 것과 다시 사랑에 빠지기를, 모든 사람과 다시 사랑에 빠지기를 바란다.

존 오도나휴는 "친숙화라는 기제를 통해 인간관계들이 극심하게 무감각해진다"라고 썼다.[7] 노벨상 수상자 가브리엘 가르시아 마르케스는 아내 메르세데스에 대해 이렇게 말한 적이 있다. "이제 그녀를 너무 잘 알아서 나는 그녀의 진짜 모습을 전혀 모르겠다."[8]

한 연구에 따르면, 보통 부부들은 의미 있는 대화에 27분을 사용한다고 한다.[9] 하루 27분이 아니다. 일주일에 27분이다. 내가 확인해 본 바에 따르면, 우리는 매일 변화한다. 그 변화를 측정할 수는 없을지 몰라도 지금의 나는 어제의 내가 아니다. 당신도 마찬가지다. 스콧과 질 볼린더 부부는 말했다. "매일 우리는 그날의 경험에 따라 변한다. 부부 관계를 가꾸려면 각자 '매일 자신을 다시 소개하는' 시간을 가져야 한다."[10] 매일 다시 소개하라는 개념은 실로 강력하며, 모든 일에 적용된다.

이스라엘 백성은 애굽에서 기적적으로 해방되고 나서 불과 몇 주도 지나지 않아 만나만 먹는다고 불평하기 시작했다. 내가 제대로 기억하는 것이라면, 만나가 내린 것은 기적이었다. 그러니까 이스라엘 백성은 말 그대로 하나님이 '기적'을 베풀어 주신다고 불평한 셈이다. 황당무계하지 않은가? 하지만 속단하지 마라. 우리도 같은 함정에 자주 빠진다. 우리의 결혼 생활도 기적이지 않은가? 자녀는? 인간의 몸은? 인간의 정신은? 분명 당신은 이런 것에 대해서 여러 번 불평한 적이 있을 것이다.

이스라엘 백성은 이렇게 말했다. "우리가 애굽에 있을 때에는 값없이 생선과 오이와 참외와 부추와 파와 마늘들을 먹은 것이 생각나거늘"(민 11:5). 그 음식들이 공짜로 주어진 이유가 그들이 노예로 공짜 노동력을 제공했기 때문임을 그들은 잊고 있었다. 이스라엘 백성의 문제점, 그리고 우리의 문제점은 선택적 기억에 있다.

우리는 세상을 있는 그대로 보지 않는다. 우리는 세상을 주관적인 눈으로 본다. 불평거리를 찾으면 항상 불평거리만 보인다. 감사거리를 찾으면 항상 감사거리만 보인다. 불평의 말이든 감사의 말이든 우리의 말은 우리의 내적 세상을 창조한다.

당신이 당연하게 여기는 것은 무엇인가?

기적임에도, 불평하고 있는 일은 무엇인가?

하나님께 찬양을 올려 드려야 할 일은 무엇인가?

테슬라처럼 일어서서 하나님께 박수를 올려 드리라.

13.

자책과 원망을 버리고 감사 제목을 찾다

> 기독교에 관해서 생각할수록, 기독교가 규율과 질서를 정하긴 했지만
> 그 질서의 주된 목적이 선한 것이 마음대로 활개 칠 여지를 주기 위함이라는 사실이
> 점점 더 분명하게 눈에 들어왔다.
> ― G. K. 체스터턴, 《정통》

1942년, 오스트리아 정신과 의사인 빅터 프랭클은 나치에게 체포되었다. 그 후 그는 아우슈비츠를 비롯해서 네 곳의 강제 수용소에서 3년을 보냈다. 그는 재산과 옷, 심지어 이름까지 빼앗겼다. 수용소에서 그는 숫자로 전락했다. 수감 번호 119,104번. 그의 아버지와 어머니는 물론이고 아내도 수용소에서 죽었다.

빅터 프랭클은 수용소에서 풀려난 해에 《죽음의 수용소에서》를

3부 감사와 베풂의 언어, "고맙습니다"의 신학

썼다. 의회 도서관 조사에서 이 책은 미국에서 가장 영향력 있는 책 열세 권 중에 꼽혔다.[1] 그 책에서 프랭클은 자신의 생존 비결을 소개했다. "사람에게서 모든 것을 앗아 갈 수 있지만 한 가지만은 앗아 갈 수 없다. 그것은 인간의 마지막 자유다. 바로, 어떤 환경에서도 자신의 태도를 선택할 수 있는 자유다."[2]

심리학에서는 정신 건강을 우울함(depression)에서 번영(flourishing)까지의 스펙트럼으로 측정한다. 번영의 증거는 낙관주의, 공감, 진정성, 내적 기쁨, 높은 자존감, 강한 목적의식 등이다. 스펙트럼의 반대편 끝은 우울함이다. 우울함의 증거는 절망, 무기력, 좋은 시절은 갔다는 생각 등이다.

우울함과 번영 사이에는 쇠약(languish) 곧 "정신 건강의 방치된 두 번째 자식"이 있다. 이것은 정신병까지는 아니지만 정신적으로 온전한 상태도 아니다. 쇠약의 증거는 공감이 아니라 무관심, 우울하지도 만족스럽지도 않은 애매한 기분, 만사가 귀찮은 기분, 집중력 부족, 의욕 저하, 비전의 부재 등이다.[3]

쇠약에는 여러 원인이 있다. 그중에서 두 가지 원인에 초점을 맞춰 보자. 한 가지 원인은 외로움이고, 다른 하나는 목적 없음이다. 엘리야가 450명 바알 선지자들을 무찌른 사건을 기억하는가? 그 후에 그의 사기가 충천했으리라 생각하기 쉽지만 오히려 그는 깊은 우울함에 빠져들었다. 그럴 만도 한 것이 왕비 이세벨이 그를 찾아 죽이려고 하고 있었다. 누군가가 우리를 죽이려고 하면 우리의 정신 건강은 쇠약해질 수밖에 없다. 하지만 여기에는 간과하기 쉬운 또 다른 요인이 작용하고 있다. "자기 자신은〔혼자서〕광야로 들어가"(왕상 19:4).

엘리야는 그냥 광야에 있었던 것이 아니라 그곳에 혼자 있었다. 표면적으로만 보면 현대 세상은 전에 없이 연결된 세상이다. 하지만 동시에 우리는 그 어느 때보다도 서로에게서 단절되어 있다. 왜일까? 디지털은 우리를 연결시키지 않기 때문이다. 오히려 디지털 기기들은 우리 사이에 거리를 만들어 내고, 그렇게 서로 간에 거리가 생기면 서로를 악마화할 수도 있다. 정말 심각한 상황이다.

니체는 "삶의 '이유'를 아는 사람은 삶의 거의 모든 '과정'을 견뎌 낼 수 있다"라고 말했다.[4] 같은 이치로, 좋은 사람이 곁에 있으면 거의 모든 짐을 견뎌 낼 수 있다. 출애굽 이후 이스라엘 백성은 아말렉인들과 싸우게 되었다. 모세는 이스라엘 군대를 위해 팔을 들고 기도했지만 팔이 점점 무거워졌다. 그때 아론과 훌이 모세의 팔을 붙들었고, 그렇게 팔이 올라가 있는 동안에는 이스라엘 군대가 이겼다(출 17:8-16). 우리 모두는 때때로 아론과 훌이 필요하다. 기분이 가라앉아 있을 때 용기를 북돋아 줄 사람이 필요하다.

최근 100마일(약 160km) 자전거 경주에 난생처음으로 참석했다. 나는 180명과 함께 여섯 시간이 약간 못 되는 시간 동안 100마일을 달렸다. 처음 50마일(약 80km)은 거뜬히 해낼 수 있었다. 하지만 나머지 50마일에서는 내 훈련이 부족한 것을 뼈저리게 느꼈다. 7마일(약 11km)을 남긴 지점에서 언덕이 나타났고, 결국 대퇴 사두근에 쥐가 나기 시작했다. 내가 무리에서 한참 뒤처져 있는데 경주 주최자인 제프가 자전거를 돌려 내게로 왔다. 그는 나를 격려해 주었을 뿐 아니라 내 앞에서 달리며 바람을 막아 주었다. 키가 2미터에 가까운 그는 거의 완벽한 바람막이였다.

우리 모두에게는 바람막이가 필요하다. 그렇지 않은가? 우리의 짐을 함께 져 줄 누군가가 필요하다. 우리에게 힘을 내라고 격려해 줄 누군가가 필요하다. 우리가 백기를 들려고 할 때 붙들어 일으켜 줄 누군가가 필요하다.

> "지금 내 생명을 거두시옵소서 나는 내 조상들보다 낫지 못하니이
> 다"(왕상 19:4)

참으로 부정적인 생각이다. 엘리야는 자기 신세를 한탄하기 시작했고, 여기서 문제점은 '목적 없음'이다. "묵시(비전)가 없으면 백성이 방자히 행하거니와"(잠 29:18). 여기서 "방자히 행하다"는 썩어 가는 열매를 지칭한다. 비전은 방부제다. 비전은 우리의 젊음을 유지시킨다. 죄를 짓지 않기 위한 최선의 방법은 죄짓기를 멈추는 것이 아니다. 그 방법은 1-2주밖에 통하지 않는다. 눈앞의 유혹보다 더 크고 좋은 비전이 있어야 한다.

칼 융은 도저히 넘을 수 없어 보이는 문제는 해결할 수 없고, 그 문제보다 더 크게 자라는 수밖에 없다고 믿었다.[5] 다시 말해, 고통을 벌충해 줄 목적이 필요하다. 목적을 찾으면 문제는 힘을 잃고 이내 사라진다.

애굽인의 노예로 있을 때 잔혹한 공사 감독들 때문에 이스라엘 백성의 삶은 극도로 비참했다. 그들은 낙심할 대로 낙심해 있었다. 그런 그들을 비난할 수는 없다. 평생 노예로 살다 보면 다른 삶은 상상하기 힘들다. 해방해 주겠다는 약속에도 불구하고 이스라엘 백성은 실의에 빠져 있었다.

> "그들이 마음의 상함과 가혹한 노역으로 말미암아 모세의 말을 듣지 아니하였더라"(출 6:9)

한 역본은 "마음의 상함"을 '심령의 고통(anguish)'으로 번역한다. 고통이라는 뜻인 anguish에 알파벳 'l'자 하나만 더하면 languish, 곧 '쇠약'이란 뜻이 된다. 어쨌든 이 표현은 히브리어로 '코처 루아흐'(qotser ruach)이며, 몇 가지로 번역될 수 있다. 일단, '떨어진 사기'나 '짧은 숨'을 의미할 수 있다. 이스라엘 백성은 얕은 숨을 쉬었다. 교감신경계에 관한 이야기가 기억나는가? 이스라엘 백성은 등골이 부서져라 일한 탓에 항상 숨을 헐떡거렸다. '코처 루아흐'는 '목소리가 없음'으로도 번역될 수 있다. 숨이 차면 말을 할 수 없다.

당신은 쇠약해지고 있는가?

아니면 번영하고 있는가?

상황을 돌파할 결정적인 전환점은 바로 "고맙습니다"를 말하는 것이다. "고맙습니다"는 긍정성과 부정성 사이의 차이다. 다시 말하지만, 이스라엘 백성이 약속의 땅에 들어가지 못한 것은 열 명의 부정적인 사람들 때문이었다. 단 열 명의 부정적인 사람들로 인해 이스라엘 백성은 무려 40년 동안 광야에 발이 묶이는 대가를 치렀다. 긍정성은 단순히 성격의 문제가 아니라 신학의 문제다.

내가 볼 때 우리는 두 신학, 두 현실의 교차점에서 살고 있다. 하나님의 '신실하심'은 과거에서부터 지금 이 순간까지 우리를 좇고 있다. "내 평생에 선하심과 인자하심이 반드시 나를 따르리니"(시 23:6). 하나님의 '주권'은 미래를 위해 우리를 준비시키고 있다. 가장 좋은 시절은 아직 오지 않았다. 우리는 하나님이 예비하신 선한 일을 하도록 그리스도 안에서 지으심을 받았다(엡 2:10). 간단히 말해, 하나님이 만사를 다스리신다. 하나님이 당신의 삶을 다스리신다.

당신의 확신은 어디에서 오는가? 당신의 교육 수준? 이력서? 은행 잔고? 아니면 하나님의 약속? 선하심이나 신실하심 같은 하나님의 성품? 솔직히 말해, 나의 자신감은 평균 이하다. 하지만 나의 거룩한 확신은 비할 데가 없다. 하나님이 다음 기적을 행하시리라 믿지 않기에는 이미 너무 많은 기적을 목격했다. 하나님도 하실 수 없는 일이 있다는 말 따위는 내게 하지 마라. 긍정적인 태도는 하나님의 약속에서 비롯한다.

의심은 인생의 상황이 우리와 하나님 사이를 가로막도록 허용하는 것이다. 물론, 현실을 무시하라는 말은 절대 아니다. 현실을 있는 그대로 직시해야 한다. 다만, 흔들리지 않는 믿음 안에서 그렇게 해야 한다.[6] 믿음은 우리와 상황 사이에 하나님을 모시는 것이다.

쇠약에서 벗어나 번영으로 나아가기 위한 쉽고 빠른 해법은 없다. 하지만 하나만은 확실하게 말할 수 있다. 감사 없이는 그렇게 될수 없다. 우리는 상황을 통제할 수 없지만 자신의 반응만은 통제할수 있다. 감사는 원망에서 벗어나 더 나은 미래로 가기 위한 길이다.

제임스 패커는 옥스퍼드대학교에서 철학 박사 학위를 받고 성경 ESV 편집장으로 활동했다. 그는 시대를 초월한 역작 《하나님을 아는 지식》을 비롯해서 50권 이상의 책을 썼다. 또한 캐나다 밴쿠버 리젠트대학교에서 거의 40년 동안 후학을 양성했다. 내가 그의 이력을 나열한 것은 그의 이력이 그의 말에 신빙성을 더해 주기 때문인데, 그는 "신학의 목적은 영광송(doxology)이다"라고 말했다.

패커는 영광송을 부르면서 모든 수업을 시작했다. 신학은 하나님을 연구하는 것이지만 그 목표는 지식을 얻는 것이 아니다. "지식은 교만하게 하며"(고전 8:1). 신학의 목표는 예배다. 무엇이든 찬양으로 이어지지 않는 것은 교만으로 이어진다. 영광송으로 이어지지 않는 신학은 영적 침체를 낳는다. 우리 대부분은 이미 순종할 수 있는 수준 이상으로 충분한 지식을 쌓았다. 더 많이 알 필요가 없다. 이미 알고 있는 것을 더 많이 행해야 한다. 아니, 이렇게 말해야 옳을지 모르겠다. 이미 알고 있는 것을 가지고 더 많이 예배해야 한다.

리처드 레스탁은 *Mozart's Brain and the Fighter Pilot*(모차르트의 뇌와 전투기 조종사)라는 멋진 제목의 책에서 심오한 이치를 소개했다. 그것은 많이 배울수록 많이 본다는 것이다. 그는 이렇게 썼다. "숲의 동식물에 관한 지식이 풍부해질수록 더 많은 것을 볼 수 있다. … 우리가 배우는 모든 것은 우리의 인식을 풍요롭고 깊게 만든다.

… 눈으로 보는 것은 뇌가 배운 것에 의해 결정된다."[7]

천문학자들은 밤하늘에서 더 많은 별자리를 본다. 그들은 더 많이 알기에 더 많이 본다. 음악가들은 교향곡을 들을 때 화음을 더 깊이 감상한다. 그들은 더 많이 알기에 더 많이 듣는다. 소믈리에들은 와인을 시음할 때 질감을 더 깊이 이해한다. 그들은 더 많이 알기에 더 많은 맛을 본다.

최근 플로리다주에 갔을 때 다양하고도 새로운 나무들이 내 호기심을 자극했다. 그래서 나무를 구분할 수 있게 해 주는 앱을 다운로드했다. 첨단 기술은 정말 놀랍지 않은가? 여행하는 내내 "저건 무슨 나무인지 알아요?"라고 내가 아는 척할 때마다 아내는 내 말을 다 받아 주었다. 참, 내가 가장 좋아하는 나무는 그때 반얀 나무로 바뀌었다. 도저히 말로 표현할 수 없을 정도로 아름다운 나무다.

많이 배울수록, 더 많이 보게 된다.

고래의 노래가 물속에서 16,000킬로미터까지 전달된다는 사실을 아는가? 바닷속 가수는 고래만이 아니다. 어류학자들은 일부 물고기 종들이 새벽과 황혼 무렵에 함께 노래를 부른다는 사실을 발견했다.[8] 그리고 노래는 잘 못하는지 몰라도 문어는 위장의 달인이다. 또한 문어는 세 개의 심장과 아홉 개의 뇌를 가졌다.[9] 혹시 아카데미 수상작 〈나의 문어 선생님〉(My Octopus Teacher)을 못 봤다면 꼭 보기를 바란다.

조금 더 재미있는 이야기를 해 보자. 수컷 개똥지빠귀는 Y자 모양 후두의 양쪽을 이용해서 두 음으로 화음을 만들어 낼 수 있다.[10]

앵무새는 2천 곡 이상의 연주 목록을 갖고 있다.[11] 수컷 쌀먹이새는 만 킬로미터를 이주한 후에 3초 반 길이의 노래로 영역을 표시하고 암컷에게 구애한다.[12]

> "내가 또 들으니 하늘 위에와 땅 위에와 땅 아래와 바다 위에와 또 그 가운데 모든 피조물이 이르되 보좌에 앉으신 이와 어린양에게 찬송과 존귀와 영광과 권능을 세세토록 돌릴지어다 하니"(계 5:13)

여기서 혹시 4차원을 눈치챘는가? 피조물의 노래는 4차원이다. 즉 하늘과 땅 위와 땅 아래와 바다에서 울려 퍼진다. 이 노래는 우리 귀로는 들을 수 없을지 몰라도 그것과 상관없이 울려 퍼지고 있다. 라디오 방송에서 흘러나오는 가수의 노래 같은 것을 말하는 것이 아니다.

우주의 모든 원자가 노래하고 있다. 독일 물리학자이자 피아니스트인 아르놀트 조머펠트에 따르면, 하나의 수소 원자는 그랜드피아노보다도 많은 진동수를 발한다. 그랜드피아노는 88개 건반으로 88개 진동수를 만들어 낼 수 있다. 그런데 수소 원자 한 개가 백 개의 진동수를 만들어 낸다.

레너드 스위트는 *A Cup of Coffee at the Soul Cafe*(영혼 카페에서 커피 한 잔)이라는 책에서 탄소 원자 하나가 그레고리오 성가와 같은 음계를 만들어 낸다고 말했다. 왠지 흥얼거리고 싶지 않은가? 스위트는 말했다. "모든 탄소 기반의 생명체가 사실은 그레고리오 성가

3부 감사와 베풂의 언어, "고맙습니다"의 신학

로 만들어진 것은 아닐까?"[13]

대학교 1학년 때, 나는 시카고대학병원에서 면역학 수업을 받았다. 지금도 내게는 그 수업이 대학 시절 가장 즐거웠던 수업으로 남아 있다. 그 수업을 받고 나서 의사를 꿈꾸게 되었다. 비록 그 열정은 한 학기 만에 가라앉았지만 말이다. 물론 의사가 되려면 의대에 다시 진학해야 했다. 나는 목회학 박사 학위를 선택했다.

내게 면역학을 가르쳤던 교수가 지적 설계를 믿었는지는 모르겠지만 그의 모든 수업은 시편 139편 14절의 주석처럼 느껴졌다. "나를 지으심이 심히 기묘하심이라." 하루는 헤모글로빈에 대해서 하나님을 찬양하며 강의실을 걸어 나왔던 기억이 난다. 그 수업 덕분에 나는 인간 몸의 복잡성을 이해하게 되었다. 또한 모든 '-학(學)'이 신학의 한 분야라는 확신이 내 안에 자리 잡게 되었다. 피조세계의 모든 부분은 하나님의 놀라운 성품과 창조성을 드러낸다(롬 1:20).

A. W. 토저는 말했다. "하나님의 모든 본성을 배우거나 그분이 행하신 모든 일에 관해 찬양하려면 영원이라는 시간도 충분하지 않다."[14] 토저의 말이 옳다면, 왜 주저하고 있는가? 지체된 순종이 불순종인 것처럼, 감사를 미루는 것은 결국 감사하지 않는 것이나 다름없다. 하나님은 매일, 매시간, 매분, 매초, 우리의 찬양을 받으시기에 합당하다.

최근 A. J. 제이콥스가 쓴 *Thanks a Thousand*(천 번의 감사)라는 책을 읽었다. 제이콥스는 자신이 모닝커피를 먹을 수 있게 해 준 모든 사람에게 감사를 전하기로 결심했다. 그는 단순히 커피를 내려

주는 바리스타만 생각한 것이 아니었다. 우리가 커피를 마시기까지
는 커피 농장 농부에서 시작해서 트럭 운전자, 창고 관리자, 지게차
운전자, 커피 볶는 사람들을 포함하는 방대한 공급망이 존재한다.
결국 제이콥스는 최소한 964명에게 감사를 표시하게 되었다.[15] 물
론 그가 생각해 내지 못한 사람들도 있었다. 이를테면 애초에 커피
콩을 발견한 에티오피아 염소지기 같은 사람들이다.

어쨌든 제이콥스의 감사 프로젝트에 관해서 읽고 많은 생각을
하게 되었다. 모든 감사한 일의 배경에는 또 다른 이야기가 있다. 그
이야기를 이해하면서 감사를 하게 되면 훨씬 재미있어진다. 감사가
새로운 차원과 새로운 진정성을 얻게 된다. 감사는 주면 줄수록 좋
은 선물이다. 좋은 와인처럼 좋은 기억은 세월이 갈수록 더 좋아진
다. 때로는 한 번의 감사로 충분하지 않다.

직접적으로든 간접적으로든 우리 삶에 긍정적인 영향을 미친
모든 사람에게 감사를 표시하는 일에 도전해 보면 어떨까? 물론 이
는 평생 해도 다 마치지 못할 도전이다. 나를 세상에서 처음 반겨 준
의사와 간호사들처럼 추적하기 힘든 사람들도 있을 것이다. 하지만
다만 몇 명이라도 찾아서 감사를 표시해 보면 어떨까?

수년 전 미국프로미식축구리그의 MVP 브렛 파브와 저녁 식사
를 한 적이 있다. 그가 정말 현실적인 사람이라는 것을 알고 있었기
에, 나는 그의 명예의 전당 수락 연설을 듣고 조금도 놀라지 않았다.
그는 36분이나 연설을 했는데, 내 계산이 맞다면 그는 35명 이상에
게 감사를 전했다. 그는 가족들에게, 감독과 팀원들에게, 팬들에게

감사를 전했다. 대학 시절 자신을 영입해 준 감독에게도 감사를 전했다. 심지어 결혼식에서 자기 들러리를 서 준 사람에게도 감사를 전했다.

누가 당신의 영혼에 지문을 남겼는가? 모두가 당신을 의심할 때 누가 당신을 믿어 주었는가? 힘들고 지칠 때 누가 당신 곁을 지켜 주었는가? 목록을 만들라. 최대한 찾아내라. 그리고 "고맙습니다"라고 말하라.

내 고등학교 농구팀 감독이었던 밥 스터(Bob Sterr)와 최근에 대화를 나눈 적이 있다. 그와 마지막으로 이야기를 나눈 지 20년 만이었다. 그런데 내가 무슨 일을 기억하고 있었는지 아는가? 내가 고등학교를 졸업한 뒤에 대학교에서 시합하는 모습을 그가 보러 왔던 일이다. 정말 평생 잊지 못할 일이다. 나는 그에게 그 이야기를 해 주고 싶었다. 그때 그는 일부러 먼 발걸음을 했고, 그로 인해 나는 더없이 행복했다고 말이다. 내가 그 일에 대한 감사를 전하면서 그에게 받은 은혜를 조금이나마 갚을 수 있었다.

감사가 모든 고통을 치유해 줄 것이라고 장담할 수는 없지만 좋은 출발점이 될 수는 있다. 감사는 내가 원하는 것을 얻는 것이 아니라 내가 가진 것의 진가를 알아보는 것이다. 감사는 스트레스를 줄여 주고, 갈등을 해결해 주고, 노화를 늦출 수 있다. 오하이오주립대학 내분비학과 명예교수 빌 말라키에 따르면, "스트레스는 노화의 가장 큰 요인이며, 스트레스 해독제는 감사다." 젊음의 샘을 찾으러 떠났다는 스페인 탐험가 폰세 데 레온(Ponce de León)은 엉뚱한 곳을 찾고 있었던 것인지 모른다. 젊음의 샘은 장소가 아니다. 그것은 감사의 태도다.

당신은 누구에게 감사를 전해야 하는가?

그렇다면 왜 주저하고 있는가?

14.

받은 복을 세어 보고, 그 복을 흘려 보내다

남에게 줘서 가난해진 사람은 아무도 없다.
- 안네 프랑크, "주라"(Give)

수십 년 전 코넬대학교는 제목에서 모든 것을 알 수 있는 "계산대 서랍에 현금 늘리기: 레스토랑에서 팁을 받기 위해 사탕을 이용함"이라는 연구를 했다.[1] 계산서와 함께 사탕 한 알을 받은 손님이 사탕을 받지 않은 손님보다 더 많은 팁을 준다. 사실, 거창하게 연구까지 할 필요도 없다. 나눔은 나눔을 낳는 법이다.

존 바그와 사전 자극 개념이 기억나는가? 우리는 말로만 사전 자극을 받지 않는다. 우리는 행동으로도 사전 자극을 받는다. 이것을 상호성의 법칙이라고 한다. 뭔가를 받으면 보답하고 싶어지는 것이 인지상정이다. 이런 성향이 인간 영혼에 내장되어 있다.

수년 전, 누군가가 내 사무실에 찾아와 선물을 건넸다. 그날은 내 생일도 아니고 공휴일도 아니었기 때문에 나로서는 약간 의아했다. 내 얼굴의 물음표를 본 그는 이렇게 설명했다. "지혜로운 사람은 선물을 갖고 오는 법이지요." 이것도 우리를 흥얼거리게 만드는 순간 중 하나다. 그의 말이 참으로 맞지 않는가?

나는 "복을 다른 곳으로 넘기라"라는 간단한 모토에 따라 산다. 그 개념에 관해서 *Double Blessing*(두 배의 축복)이라는 책도 썼다. 여기서 이 개념을 요약해 보자면, 우리는 복을 전해 주기 위해 복을 받았다. 하나님이 우리를 위해 행하시는 일은 결코 우리 자신만을 위한 것이 아니다. 그것은 언제나 다른 사람을 위한 것이기도 하다. 하나님은 우리의 생활 수준을 높이기 위해 우리에게 복을 주시지 않는다. 하나님은 우리의 나눔 수준을 높이기 위해 복을 주신다.

누군가가 내게 복을 전해 줄 때마다 나는 그것을 마음 깊이 새긴다. 하지만 나는 단순히 복을 세어 보는 것에서 그치지 않고 다른 누군가에게 그 복을 넘김으로써 은혜를 갚으려고 한다. 그렇게 하면 감사가 자란다. 당신이 내게 새 자동차를 주면 나는 내가 갖고 있던 자동차를 팔아 현금을 내 호주머니에 챙기지 않는다. 나도 내 차를 누군가에게 준다. 왜 그렇게 할까? 군이 이유가 필요한가? 받는 것도 좋지만 주는 것만큼 즐겁지는 않다.

1996년 우리는 워싱턴 DC에서 교회를 개척했다. 당시 우리는 한 공립학교에서 시작했지만 약 아홉 달 뒤에는 유니언역에 있는 극장으로 옮겼다. 문제는 극장 안에서 예배를 드리기 위해 조명을 사야 했는데 여윳돈이 전혀 없다는 것이었다. 당시 우리 교회의 한 달 수입은 2천 달러였다. 그런데 조명 세트 구입비는 5천 달러였다. 그때 버지니아주 햄프턴에 있는 교회가 보내 준 5천 달러를 평생 잊지 못할 것이다. 그 선물은 우리 교회의 행로를 바꿔 놓았다.

그 후로 우리 교회는 하나님 나라의 일에 2,500만 달러 이상을 지원했다. 우리는 큰 액수를 지원할 때도 있고 작은 액수를 지원할 때도 있지만, 5천 달러를 지원할 때 가장 뜻 깊게 생각된다. 이런 나눔이 우리가 복을 넘기는 방식이다. 이것이 우리가 "고맙습니다"라고 말하는 방식이다.

겨우 입에 풀칠하던 신혼 초에 나는 시카고 지역의 한 교회에서 목회를 하고 있었다. 하루는 설교 후에 나이 지긋한 신사가 내게 악수를 청했다. 그런데 그것은 평범한 악수가 아니었다. 그의 손바닥에는 20달러짜리 지폐가 있었다. 그는 그 돈을 내게 건네며 말했다. "사모님과 점심 식사라도 하세요." 그것은 내가 받은 가장 큰 액수의 선물은 아니지만 정말 의미 있는 선물이었다. 그 신사는 그것을 오순절 악수라고 불렀다.

수년 동안 나는 나 자신만의 독특한 방식으로 그 복을 다른 곳으로 넘기고 있다. 때로는 내가 받은 방식대로 오순절 악수를 하기도 한다. 때로는 음식 값보다도 많은 팁을 남긴다. 때로는 아이들이

집어 가도록 2달러짜리 지폐를 떨어뜨린다. 좋은 방법이 아니라고 생각할지 모르지만, 이것은 보아스에게 영감을 얻은 방법이다. 보아스는 룻이 거둬 갈 수 있도록 보리 이삭을 일부러 떨어뜨려 놓으라고 추수꾼들에게 지시했다(룻 2:16).

이것이 "고맙습니다"와 무슨 상관이 있는가? 감사의 삶을 살면 복이 돌아온다. 다른 이에게 나눈 것이 결국 우리에게로 돌아온다. 측량 법칙이 있다. "주라 그리하면 너희에게 줄 것이니"(눅 6:38). 이것은 호혜성의 법칙과 동의어다. 우리는 이 법칙을 거스를 수 없다. 이 법칙에 따라 우리 삶은 흥하거나 망한다. 무엇이든 넣은 만큼 얻는다. 그러므로 더 많이 거두고 싶은 것을 심으라.

우리가 받지 못하는 것은 구하지 않기 때문이다. 하지만 우리가 요구하기만 한다면, 우리의 "부탁합니다"는 공허할 뿐이다. 무언가를 요구하는 가장 효과적인 방식은 '주는 것'이다. 솔로몬 왕은 "사람의 선물은 그의 길을 넓게 하며 또 존귀한 자 앞으로 그를 인도하느니라"(잠 18:16)라고 말했다.

존 룰린은 《선물의 힘》에서 대형 마트인 타깃(Target)의 중역을 만나려는 단체를 도왔던 이야기를 한다. 그 단체는 그 중역을 만나기 위해 18개월 동안 다방면으로 시도했지만 성공하지 못했다. 룰린이 조사해 보니, 그 중역은 미네소타대학교 졸업생이었다. "우리는 맞춤 가구 업체를 섭외하여 길이 130센티미터, 무게 30킬로그램짜리 체리목 조각에 그 대학교 운동팀인 미네소타 고퍼스(Minnesota Gophers) 로고와 응원가를 새겨 넣었다."[2] 24시간이 채 지나지 않아서, 그 중역의 비서에게서 전화가 걸려와 미팅 날짜를 잡았다.

자신의 동기를 확인하라. 창의성이 진정성을 앞지른다면 상대방을 조종하려는 것일 수 있다. 동기가 이기적이라면 역효과만 낳을 것이다. 아무런 사심 없이 상대방의 가치를 올려 주려는 것인가? 그렇다면 당신이 "열려라, 참깨"라고 말하기도 전에 문이 활짝 열릴 것이다. 고맙다고 말할 때는 상대방이 어떻게 나올지에 신경 쓰지 마라. "고맙습니다"는 진정성이 있는 만큼만 효과가 있다.

이 시점에서 몇 가지 조언을 하고 싶다.

1. 재물을 쌓지 말고 경험을 쌓으라.

나는 귀신에 사로잡힌 사람은 몇 명 보지 못했지만 재물에 사로잡힌 사람은 정말 많이 만났다. 그들은 재물을 소유한 것이 아니라 재물에 소유당하고 있다.

2. 나눠 주는 일의 수준을 높이라.

우리는 얻은 것으로써 생계를 유지하고, 준 것으로써 삶을 살아간다. 관대하게 베푸는 우리 여정의 결정적 순간은 수입 목표를 세우기를 그만두고 나눔 목표를 세우기 시작한 날이었다. 우리의 관심사는 얼마나 많이 벌 수 있느냐에서 얼마나 많이 줄 수 있느냐로 바뀌었다.

3. 우리는 하나님보다 많이 줄 수 없다.

나는 번영 복음을 믿지 않는다. 복음 앞에 다른 단어를 붙일 때마다 오히려 중요한 뭔가가 빠져나간다. 우리는 하나님을 슬롯머신처럼 이용해서는 안 된다. 게다가 가장 큰 투자 수익은 금전적인 것이 아니다. 우리가 얻는 가장 큰 수익은 형언할 수 없는 기쁨과 이해를 초월하는 평안이다. 그런 것에는 가격표를 붙일 수 없다.

약 10년 전, 아내와 나는 내가 쓴 모든 책을 우리 교회 모든 교인에게 한 권씩 선물로 주기로 했다. 책을 판매하기 전에 수천 권을 먼저 선물했다. '희소성 사고방식'으로 살면, 이렇게 하는 것이 큰 손해처럼 느껴질 수 있다. 하지만 우리는 그런 식으로 생각하지 않는다. '풍부함 사고방식'은 우리가 많이 나눠 줄수록 하나님이 더 많은 복을 주실 수 있다고 생각하는 것이다. 이것은 번영 복음이 아니라 측량 법칙이다.

똑같이 중요한 두 번째 법칙이 있다. 바로 보화의 법칙이다.

> "너희를 위하여 보물을 땅에 쌓아 두지 말라 거기는 좀과 동록이 해하며 도둑이 구멍을 뚫고 도둑질하느니라 오직 너희를 위하여 보물을 하늘에 쌓아 두라 거기는 좀이나 동록이 해하지 못하며 도둑이 구멍을 뚫지도 못하고 도둑질도 못하느니라 네 보물 있는 그곳에는 네 마음도 있느니라"(마 6:19-21)

하나님은 우리 돈이 필요 없다. 모든 산의 가축, 아니 모든 산이 다 하나님의 것이다. 하나님은 우리 돈이 필요 없지만 우리 마음을 원하시며, 이 둘은 서로 밀접하게 연결되어 있다. 돈의 문제는 곧 마음의 문제다. 우리의 얼굴이 우리 몸의 상태를 알려 주는 것처럼 우리의 돈은 우리의 마음이 무엇에 가치를 두고 있는지를 알려 준다.

우리는 얼마나 많이 돈을 벌고 얼마나 많은 일꾼을 부리는지로 성공을 판단하는 문화에서 살고 있다. 하지만 하나님 나라에서의 성공은 얼마나 많이 나누고 얼마나 많은 사람을 섬기는지에 따라 결정된다. 복을 넘기고 싶다면 감사를 아주 잘해야 한다. 탈무드는 "축복하지 않으면서 이 세상을 사용하는 사람은 하나님의 것을 착복하는 사람이다"라고 말한다.[3]

언어학자들 사이에서 이런 논쟁이 벌어지고 있다. "말은 정신적 상태를 '반영'하는가? 아니면 정신적 상태를 '유발'하는가?"[4] 당신은 어떤지 모르겠지만 나는 두 번째 주장의 손을 들어 주고 싶다. 말은 세상을 창조할 뿐 아니라 우리의 정신적 상태를 창조한다. 감사하는 것만으로도 우리의 관점과 분위기를 바꿀 수 있다.

내가 '예배'라는 단어를 말하면 사람들은 공동 예배 장소에서 스크린에 떠 있는 노래 부르는 것을 떠올린다. 그런 예배도 하늘에서 벌어지는 예배를 반영한다. 하지만 그것은 예배의 한 측면일 뿐이다. 내가 볼 때 가장 진정한 형태의 예배, 가장 순수한 형태의 예배는 다른 누군가가 쓴 가사와 멜로디를 부르는 것이 아니다. 가장 진정한 형태의 예배는 나 자신의 말과 나 자신의 방식으로 하나님을 예배하는 것이다. 이것이 내가 감사 일기를 쓰는 이유다. 나는 감사 일기를 통해 내 생각을 사로잡아 그리스도께 복종시킨다. "고맙습니다"를 말하는 것은 내게 영적 훈련의 한 과정이다.

나는 감사 일기를 통해 모든 상황에서 감사를 드린다(살전 5:18). 나는 감사 일기를 통해 감사함으로 그분의 궁정에 들어간다(시 100:4). 나는 감사 일기를 통해 선하고 온전한 모든 선물이 위에서 온다는 사실을 인정한다(약 1:17). 나는 감사 일기를 통해 하나님께 찬양의 제사를 드린다(히 13:15). 나는 감사 일기를 통해 하나님께 새 노래를 부른다(시 96:1).

내가 했던 첫 번째 일은 주유소에서 최저임금을 받고 일한 것이었다. 내가 맡은 일은 재고 파악이었다. 내가 기름 판매량을 파악하지 않으면 그만큼 탱크에 기름이 다시 채워지지 않았다. 이와 마찬가지로, 감사 일기는 복을 파악하기 위한 것이다. 그런 다음에야 그 복을 다른 곳으로 넘길 수 있다.

다시 말하지만 말은 세상을 창조한다. 기쁨은 내가 원하는 것을 얻는 것이 아니다. 내가 가진 것에 감사할 때 기쁨이 찾아온다. 켄톤 비쇼어의 말을 빌리자면, "내가 가진 것이 내가 원하는 것이다."[5] 매일 읊을 가치가 있는 말이지 않은가?

감사는 뒤를 돌아보는 것만이 아니다. 거룩한 기대감을 품고 앞을 바라보는 것이기도 하다. 예수님은 십자가를 어떻게 견뎌 내셨는가? 예수님은 "그 앞에 있는 기쁨"에 시선을 고정하셨다. 우리도 마찬가지로 "믿음의 주요 또 온전하게 하시는 이인 예수"께 시선을 고정해야 한다(히 12:2).

에밀리 발케티스 박사는 올림픽 출전 선수들과 최고 성적에 관한 흥미로운 연구를 진행했다. 결승선에 시선을 고정한 사람은 결승선을 남들보다 30퍼센트 더 가깝게 느꼈다. 결승선에 시선을 고정한 사람들의 속도는 23퍼센트 더 빨랐고 힘은 17퍼센트 덜 들었다.[6] 간단히 말해, 우리의 시선이 우리의 현실을 결정한다.

관점을 교정하기 위한 최선의 방법은 받은 복을 세어 보는 것이다. 그렇게 한 다음에는 남들에게 그 복을 넘기라. 그러면 외적인 상황은 바뀌지 않을지 몰라도 내적인 태도가 변할 것이다. 마찬가지로 "고맙습니다"라는 말도 우리의 태도를 바꿔 놓는다.

해석학에는 '해석의 지평'(interpretive horizon) 개념이 있다. 이것은 우리가 책의 첫 문장을 읽을 때 정해진다. 아마도 허먼 멜빌의 소설 《모비 딕》의 "나를 이스마엘로 불러 달라."가 가장 유명한 첫 문장일 것이다. 하지만 나는 찰스 디킨스의 소설 《두 도시 이야기》 첫 문장인 "최고의 시절이었고, 최악의 시절이었다"를 더 높이 평가하고 싶다. 첫 문장은 책의 기조를 알려 준다. 첫 문장은 무엇이 가능한지를 미리 살짝 보게 한다. 물론 그 어떤 첫 문장도 창세기 1장 1절에 비할 수 없다. "태초에 하나님이 천지를 창조하시니라."

하나님께 복을 받았으면 "감사합니다"로 시작해서 "감사합니다"로 끝나야 한다. "감사합니다"는 인생 전체에 관한 해석의 지평을 넓혀 준다. 하나님과 사람들에게 감사를 표시하면 감사가 한 바퀴를 완전히 돌아 완성된다. 그와 동시에 감사는 선순환을 만들어 낸다. 반면, 감사하지 않으면 복의 흐름이 끊어진다. 왜 그런가? 우리는 복을 전해 주기 위해 복을 받기 때문이다. 감사할 때, 복을 넘겨 줄 때, 우리는 하나님의 복을 흘려 보내는 통로가 된다.

우리 아이들이 어릴 때, 나는 "유아의 관점에서 본 재산법 안내"라는 짧은 글을 읽었다.

> 내 마음에 들면 내 것이다.
>
> 네게서 빼앗을 수 있다면 내 것이다.
>
> 내 것과 비슷하다면 내 것이다.
>
> 내가 처음 봤다면 내 것이다.
>
> 네가 재미있게 갖고 노는 것이라면 내 것이다.
>
> 네가 내려놓으면 내 것이다.
>
> 망가지면 네 것이다.

탈무드에 따르면, 마음가짐에 따라 다음 네 유형의 인간이 있다.

> 1. 네 것은 내 것이다.
>
> 2. 네 것은 네 것이다.
>
> 3. 내 것은 내 것이다.
>
> 4. 내 것은 네 것이다.

첫 번째 사람은 '취하는 자'다(네 것은 내 것이다). 두 번째와 세 번째 사람은 '받은 만큼 돌려주는 자'다(네 것은 네 것이고, 내 것은 내 것이다). 네 번째 사람은 '주는 자'다(내 것은 네 것이다). 탈무드에 따르면 이 네 번째 사람이 '성자'다.[7]

당신은 어떤 유형인가?

취하는 자인가?

받은 만큼 돌려주는 자인가?

주는 자인가?

떡 다섯 덩이와 물고기 두 마리를 예수님께 드린 소년을 기억하는가? 우리 손에 있는 것을 하나님 손에 놓으면 5 더하기 2는 더이상 7이 아니다. 그냥 더하기가 아니라 몇 배의 곱하기가 된다. 5+2=5,000명의 배부름. 처음 있었던 음식보다 훨씬 더 많은 음식이 남았다. 어떻게 이런 일이 가능할까?

우리 대부분은 이와 비슷한 상황에서 우리 자신의 것도 없다고 불평할 것이다. 그렇지 않은가? 하지만 예수님은 그렇게 하시지 않고, 하늘을 우러러 축사하셨다(마 14:19). 예수님이 무엇을 하셨는가? 감사의 기도를 올리셨다.

자신이 뭔가를 가지지 못했다고 해서, 가진 것에 대해 하나님을 찬양하지 않아서는 곤란하다. 같은 맥락에서, 자신이 할 수 없는 일이 있다고 해서 자신이 할 수 있는 일을 하지 않아서는 곤란하다. 사람들은 더 많이 가지면 더 감사하고 더 많이 베풀 것이라고 생각한다. 그러나 그 생각은 옳지 않다. 감사는 현재 자리에서 당장 시작해야 한다.

복을 세어 보라.

복을 다른 곳으로 넘기라.

이 과정을 반복하라.

15.

베풀고 섬기는 샬롬의 세상을 함께 이루다

> 당신은 한낱 죽을 수밖에 없는 인간과 이야기를 나눈 적이 없다.
> – C. S. 루이스, 《영광의 무게》

1968년 12월, 아폴로 8호는 지구의 궤도를 넘어 달을 열 차례 선회했다. 이 일은 이듬해 달 착륙의 토대를 마련한 기념비적인 임무였다. 크리스마스이브, 우주 비행사 빌 앤더스는 달 지평선 위로 떠오르는 지구를 보고 얼른 자신의 핫셀블라드(Hasselblad) 카메라를 잡고 셔터를 누르기 시작했다. 그 임무의 목표는 적합한 달 착륙 지점을 파악하는 것이었고, 그 임무가 우주 비행사들이 고해상도 카메라를 우주선에 실은 유일한 이유였다. 그런데 앤더스는 그 카메라로 세기의 사진을 찍었다. 바로, 지구돋이(Earthrise)!

천 마디 말보다 가치가 있는 사진이었다. 그 사진은 마치 거울을 들여다보는 것처럼 우리에게 지구의 영광스러운 모습을 보여 주었다. 시인 아치볼드 매클리시는 1968년 성탄절에 이 사진을 이렇게 묘사했다. "그 영원한 침묵 속에서 떠다니는 작고 푸르고 아름다운 지구의 실체를 보는 것은, 함께 지구를 타는 이들로서의 우리 자신을 보는 것이다."[1]

우주 비행사들이 지구 대기권을 떠나 우리 행성을 보면 거의 유체 이탈 체험과도 같은 느낌을 받을 것이다. 이것을 조망 효과(overview effect)라고 한다. 우주에서 보면 이 세계를 보는 관점이 변한다. 심리학자들은 백 명 넘는 우주 비행사들을 인터뷰하고 조사하고 그들의 자서전을 분석해서 조망 효과를 연구했다. 애덤 그랜트는 그 연구 결과를 이렇게 정리했다. "우주 비행사들이 우주에서 돌아오면 개인적인 성취와 행복보다는 공동선에 더 관심을 갖는다."[2] 아폴로 14호 비행사 에드거 미첼은 이런 표현을 사용했다. "즉각적인 글로벌 의식 … 세상의 상태에 대한 강한 불만족과 그 상태를 바꾸기 위해 뭔가를 해야 한다는 충동이 일어난다."[3]

조망 효과의 핵심은 전체 그림을 보게 하는 것이다. 지구 위의 모든 사람이 가진 공통점을 보게 된다. 나아가서, 모든 사람을 같은 은혜의 시선으로 바라보게 된다. 세상에 관한 패러다임 전환이 이루어진다.

우리는 서로가 가진 많은 차이점에 초점을 맞추는가?

아니면 하나님의 형상을 품은 자라는 공통의 정체성에 초점을 맞추는가?

관점의 전환은 큰 변화를 만들어 낼 수 있다. 심지어 라이벌 팀 팬들 사이에도 다리를 놓을 수 있다. 애덤 그랜트는 《싱크 어게인》에서 한 가지 사례를 소개했다.

> 한 실험에서 심리학자들은 맨체스터 유나이티드 축구 팀 팬들에게 짧은 글을 쓰는 과제를 무작위로 나누어 주었다. 그때 어떤 사람이 달려가다가 미끄러져 넘어졌고 발목을 다친 듯 고통스럽게 소리치는 응급 상황을 연출했다. 그 사람은 맨체스터 유나이티드의 최대 라이벌 팀의 티셔츠를 입고 있었다. 과연 맨체스터 유나이티드 축구 팬들은 하던 일을 멈추고 그 사람을 도울 것인가? 자신의 팀을 왜 사랑하는지에 관한 글을 쓰던 팬들 중에서는 30퍼센트만 이 부상자를 도왔다. 반면, 다른 축구 팀 팬들과의 공통점에 관해서 글을 쓰던 팬들 중에서는 70퍼센트가 부상자를 도왔다.[4]

대니얼 카너먼을 기억하는가? 사람이라는 존재는 끝없이 복잡하고 흥미롭다. 이 점을 인식하는 것은 좋은 출발점이지만 여기서 한 걸음 더 나아가 보자. 모든 사람은 더없이 귀하고 대체 불가한 존재들이다. 탈무드는 이렇게 표현한다. "성경은 누구든지 한 생명을 파괴하는 자를 온 세상을 파괴한 자로 여긴다. 성경은 누구든지 한 생명을 구하는 자를 온 세상을 구한 자로 여긴다."[5]

C. S. 루이스는 말했다. "'평범한' 사람은 없다. 당신은 한낱 죽을 수밖에 없는 인간과 이야기를 나눈 적이 없다. … 우리가 농담을 나누고, 함께 일하고, 결혼을 하고, 냉대하고, 착취하는 이들은 불멸의 존재들이다."[6] 성경에는 사람들에 대한 우리의 태도에 적용되는 '추이의 법칙'(transitive property)이 있다. 즉 우리는 마치 천사들을 대접하는 것처럼 사람들을 환대해야 한다(히 13:2). 우리는 마치 사람들이 예수님인 것처럼 그들을 섬겨야 한다(마 25:40; 엡 6:7).

루이스는 이렇게 덧붙였다. "그렇다고 해서 우리가 항상 엄숙하기만 해야 한다는 뜻은 아니다. 우리는 놀아야 한다. 단, 우리의 즐김은 … 건방짐과 우월감과 잘난 체하는 일은 일체 없이 처음부터 서로를 진지하게 여기는 사람들 사이에서 존재하는 … 즐김이어야 한다."[7]

앞서 말했듯이 축복은 하나님의 가장 오래된 본성이다. 그것은 우리의 가장 깊은 갈망이기도 하다. 4세기 교부 아우구스티누스는 "우리의 마음은 당신 안에서 쉬기 전까지는 쉬지 못합니다"라고 기도했다.[8] 프랑스 철학자 블레즈 파스칼은 모든 마음속에는 하나님 모양의 구멍이 있다고 말했다.[9] 교황 프란시스코는 하나님을 향한 향수병에 관해 말했다.[10] 어떤 표현을 사용하든, 그것은 우리 안에 있는 하나님의 형상이다. 우리는 하나님에 의해, 하나님을 위해 지음받았다.

모든 옷에는 그 옷이 어디서 왔는지를 보여 주는 라벨이 붙어 있다. 메이드 인 차이나. 메이드 인 멕시코. 메이드 인 아메리카. 만약 우리에게 라벨이 붙어 있다면 '메이드 인 하나님의 형상'이 될 것이다. 우리는 하나님이 만드신 바이며, "고맙습니다"의 신학은 거기서 시작된다.

우리가 찾는 것은 '샬롬'이다. 이것은 인간의 마음속에 있는 하나님 모양의 구멍을 채울 수 있는 유일한 것이다. 아니, 샬롬은 하나님이 우리의 마음을 채우셨을 때 나타나는 부산물이라고 해야 옳을지도 모르겠다. '샬롬'은 '평화'를 의미하는 히브리어다. 건강과 부와 번영을 빌어 주는 전형적인 인사말이었다. 우리는 복잡한 신학적 개념을 상투적 문구로 전락시키는 경향이 있다. 그러니 이 샬롬을 좀 더 자세히 들여다보자. 샬롬은 만물이 기존의 의도대로 회복되는 것이다. 샬롬은 타락 이전의 에덴동산이다. 샬롬은 성경이 하늘이라고 부르는 차원의 현실, 저주가 풀린 뒤에 우리가 온전히 경험하게 될 차원의 현실이다.

우리는 '평화'라고 말하면 정서적으로 평안하고 진정된 상태로만 생각하는 경향이 있다. 물론 그런 내적 차원을 폄하할 생각은 전혀 없다. 샬롬은 이해를 초월하는 평화다. 샬롬은 풍랑 한가운데서의 평화다. 하지만 평화는 단순한 감정이 아니라 인격적 존재다.

예수님이 갈릴리 바다에서 풍랑을 멈추신 유명한 사건을 기억하는가? 예수님은 바람을 꾸짖고 파도를 향해 말씀하셨다. "잠잠하라 고요하라"(막 4:39). 누가 이렇게 하시는가? 그분은 바로 평화의 왕이시다.

샬롬의 핵심은 관계적인 조화이며, 그것은 네 가지 차원으로 이루어진다.

1. 하나님과의 올바른 관계
2. 자신과의 올바른 관계
3. 다른 사람과의 올바른 관계
4. 피조세계와의 올바른 관계

첫 번째 차원은 하나님과의 올바른 관계다. 이것은 위를 향한다. 웨스트민스터 요리문답의 첫 번째 교리는 "인간의 가장 중요한 목적은 하나님을 영화롭게 하고 그분을 영원히 즐거워하는 것이다"라고 한다.[11] 우리는 하나님을 영화롭게 한다는 개념은 잘 이해한다. 하지만 그분을 즐거워한다는 개념은 이해하기가 어렵다. 존 파이퍼는 이것을 기독교 희락주의(Christian hedonism)라고 말했다. 이것은 부적절한 명칭처럼 보이기는 한다. 어쨌든 이것은 하나님의 궁극적인 목표와 우리의 가장 깊은 욕구가 같은 것이라는 확신을 가리킨다. 파이퍼는 "하나님은 우리가 그분 안에서 가장 만족할 때 우리 안에서 가장 큰 영광을 받으신다"라고 말했다.[12]

당신은 하나님과의 관계를 얼마나 즐기고 있는가? 판단하기 쉽지 않지만 이것은 영적 성숙의 정확한 지표가 된다. 하나님과의 관계에서 성장하면 하나님의 말씀과 하나님의 임재를 즐기게 되어 있다. 그리고 하나님께로 가까이 이끌어 주는 모든 것을 즐기게 되어 있다.

이 올바른 관계의 열쇠는 하나님의 의다. "하나님이 죄를 알지도 못하신 이(예수님)를 우리를 대신하여 죄로 삼으신 것은 우리로 하여금 그 안에서 하나님의 의가 되게 하려 하심이라"(고후 5:21). '종교'는 우리가 '행하는' 것이다. 곧 우리가 하나님을 위해 무엇을 할 수 있는지에 관한 것이다. 반면, '기독교'는 그리스도께서 십자가 위에서 우리를 위해 이미 '행하신' 일, 이미 이루신 일에 관한 것이다.

하나님과의 수직적 관계가 엉망이면 우상숭배의 문제로 이어진다. 하찮은 신들을 추구하고 잠깐의 명예에 만족하게 된다. 서로에게 비난의 화살을 돌리고 서로를 망신 주게 된다. 우상은 우리가 하나님보다 더 사랑하거나 더 믿거나 더 바라는 모든 것이다. 장 칼뱅은 "인간의 본성은 … 우상을 끊임없이 찍어 내는 공장이다"라고 말했다.[13]

이 우상들은 샬롬의 사분면 모두에서 문제를 일으킨다. A. W. 토저는 말했다. "하나님을 하찮게 보는 것이 … 수백 가지 작은 악의 원인이다. 하나님에 관한 옳은 믿음에 이르면 수만 가지 일시적인 문제가 사라진다."[14]

샬롬의 두 번째 차원은 자기 자신과의 올바른 관계다. 이 차원은 아래를 향한다. 이 차원에서 우상숭배의 문제는 정체성의 문제로 변한다. 우상에게서 정체성을 찾으면 사상누각을 짓게 된다. 그리스도의 의 안에서 쉬지 못하고 자기 의를 통해 스스로를 구원하려고 하게 된다. 이것은 십자가가 빠진 선행의 복음이다.

3부 감사와 베풂의 언어, "고맙습니다"의 신학

정체성에 관한 나의 한 가지 이론을 소개해 보겠다. 이것은 직관과 어긋나는 것처럼 보이지만 엄연한 사실이다. 그것은 인생의 상황이 잘 풀릴수록 정체성 문제에 빠질 가능성이 높다는 것이다. 왜 그럴까? 하나님과의 관계 밖에 있는 뭔가에서 정체성을 찾기가 더 쉬워지기 때문이다. 학위를 취득하거나 돈을 벌거나 열심히 몸매를 가꾸는 것은 전혀 잘못이 아니다. 하지만 그런 것에서 정체성이나 안정을 찾는 순간, 선을 넘은 것이다. 영적 은사에 대해서도 마찬가지다. 하나님은 우리에게 그런 은사를 주셨지만 우리는 그 은사를 우리 자신이 아니라 그분의 영광을 위해 사용해야 한다. 그렇지 않으면 그런 우상에서 거짓 정체성과 거짓 안정을 찾게 된다.

샬롬의 세 번째 차원은 남들과의 올바른 관계다. 내 안에 있는 하나님의 형상은 당신 안에 있는 하나님의 형상을 환영한다. 이런 인식에서 존엄의 신학(theology of dignity)이 비롯된다. 당신과 같은 사람은 전에도 없었고 앞으로도 없을 것이다. 이 사실은 당신에 관한 증거가 아니다. 이것은 당신을 창조하신 하나님에 관한 증거다. 이 사실이 의미하는 바는, 세상 누구도 당신처럼 혹은 당신을 위해 하나님을 예배할 수 없다는 것이다. 그 누구도 당신을 대신할 수 없다.

우리 대부분은 감옥에 들어갈 일이 없을 것이다. 하지만 우리는 과거의 한두 가지 경험에 묶여 있는 죄수들이다. 원수는 그 일을 들먹이며 우리를 협박한다. 설상가상으로 우리는 자신의 고통을 남들에게 투사한다. 그 결과는 다툼과 상처다.

최근에 루이 기글리오가 내 마음에 쏙 드는 제목의 책을 냈는

데,《원수에게 자리를 내주지 말라》는 책이다. 이 제목은 무슨 의미인가? 내 해석은 이렇다. 우리가 마음속에 원한을 품는다면 원수 마귀에게 자리를 내주는 것이다. 원망을 품거나 뒤에서 누군가를 험담하면 원수에게 자리를 내주는 것이다. 화를 낸다면 원수에게 자리를 내주는 것이다. 두려움 때문에 결정을 내린다면 원수에게 자리를 내주는 것이다. 생각하기 쉽지 않은 예를 하나만 더 들어 보면, 감사하지 않는 것은 원수에게 자리를 내주는 것이다.

요점은 무엇인가? 하나님은 우리의 죄를 용서하고 잊으셨다. 우리에게 달리 감사할 거리가 없다 해도 십자가가 있다. 빈 무덤이 있다. 우리의 미래는 하나님의 약속만큼이나 밝다. 원수 마귀가 우리의 과거를 들먹이면 그의 미래를 상기시켜 주면 된다.

샬롬의 네 번째 차원은 피조세계와의 올바른 관계다. 이때 우리가 피해야 할 두 가지 실수가 있다. 첫 번째 실수는 창조된 것을 숭배하는 것이다. 두 번째 실수는 하나님이 돌보라고 명령하신 피조세계를 남용하는 것이다. 우리는 지상대명령을 잘 지켜야 한다. 예수님의 마지막 명령을 최우선사항으로 삼아야 한다. 하지만 창세기의 명령도 잊지 말아야 하다.

"생육하고 번성하여 땅에 충만하라 땅을 정복하라 바다의 물고기와 하늘의 새와 땅에 움직이는 모든 생물을 다스리라"(창 1:28)

우리가 지구를 어떻게 다스려야 하는가? 먼저, 지구를 즐겨야

3부 감사와 베풂의 언어, "고맙습니다"의 신학

한다. 하나님이 피조물 앞에서 보이신 반응은 읽을 때마다 기분이 좋아진다. "하나님이 보시기에 좋았더라"(창 1:10, 12, 18, 21, 25). 창조의 여섯째 날 하나님은 마치 조망 효과를 경험하는 사람처럼 뒤로 물러나 피조세계 전체를 돌아보고 말씀하셨다. "보시기에 심히 좋았더라"(창 1:31). 하나님은 자신의 피조물에 감탄하셨다.

뒤로 물러나 마지막으로 해돋이를 즐겼던 적은 언제인가?

마지막으로 밤하늘의 별을 올려다본 적은 언제인가?

마지막으로 하나님의 선하심을 떠올리며 빙그레 웃은 적은 언제인가?

예수님이 치유해 주신 나병 환자 열 명을 기억하는가? 열 명 모두 육체의 질병을 치료받았지만 훨씬 더 심각한 병인 '감사하지 않음'을 치료받은 사람은 한 명뿐이었다. 그는 예수님께로 되돌아가 그 발치에 엎드려 감사를 드렸다(눅 17:11-19).

많은 사람이 아담과 하와가 선악을 알게 하는 나무의 열매를 따 먹지 않았다면 영원히 에덴동산에 남아 있었을 것이라고 생각한다. 하지만 그것은 텍스트를 잘못 읽은 것이다. 하나님은 아담과 하와에게 탐구하라고 명령하셨다. 에덴동산 밖에 있는 모든 것은 미지의 세계였다. 그들이 지구를 한 바퀴 다 돌아 보아도 똑같은 전경이 반복되는 일은 없었을 것이다. 에덴동산을 제외한 모든 곳이 그들이 탐구해야 할 전인미답의 땅이었다. 우리는 하나님이 창조하신 모든 것을 탐구하고 즐김으로써 그분을 영화롭게 한다. 물론 다음 세대를 위해 그것을 돌보는 것도 하나님을 영화롭게 하는 길이다.

별의 지도를 그리는 천문학자, 인간 게놈 지도를 만드는 유전학자, 파킨슨병 치료제를 찾는 연구자, 오스트레일리아 산호초 군락인 그레이트 배리어 리프(Great Barrier Reef)를 탐험하는 해양학자, 희귀 조류를 보호하는 조류학자, 소립자의 복합 모델에서 기본 구성 입자인 쿼크(quarks)를 포착하려는 물리학자, 분자 구조를 연구하는 화학자. 이들에게는 한 가지 공통점이 있다. 이들은 모두 탐험가들이다. 이들은 창세기의 명령을 수행하고 있다. 그리고 이들의 탐험이 옳은 이유로 진행되고 옳은 반응을 낳는다면 하나님께 영광이 된다. 그 이유와 반응은 바로 하나님을 알고 또 그분을 알리는 것이다.

샬롬은 하나님, 자기 자신, 다른 사람, 피조세계와의 올바른 관계다. 삼위일체 하나님은 이 관계적 조화의 본을 보여 주신다. 우리는 삼위로 계시는 한 분 하나님을 믿는다. 삼위일체는 3부 화음이다. 교부들은 이것을 페리코레시스(perichoresis)라 불렀다. 이것은 성부와 성자와 성령이 함께하는 춤이다. 삼위일체는 활동하는 샬롬이다.

이것이 "부탁합니다", "미안합니다", "고맙습니다"와 무슨 상관이 있는가?

이 세 가지 기적의 언어는 3부 화음으로 노래를 부른다. "부탁합니다"는 마음과 정신과 기회의 문을 연다. "미안합니다"는 망가진 관계를 회복시킨다. 마음에서 우러나온 "고맙습니다"는 감사의 선순환을 만들어 낸다. 이런 말을 하는 기술을 기르면 삶이 사랑과 기쁨과 평안으로 가득한 춤이 될 것이다.

코넬리우스 플랜팅가는 "죄는 샬롬을 방해하는 '괘씸한' 놈이다"

라고 말한다.[15] "부탁합니다", "미안합니다", "고맙습니다"는 샬롬을 회복하는 길이다. 이 말들은 리셋 버튼을 누르는 방법이다. 이제 처음으로 돌아가자.

우리의 삶을 변화시키고 싶다면 우리의 말을 바꾸어야 한다.

말은 세상을 창조한다.

우선 "부탁합니다", "미안합니다", "고맙습니다"로 시작해 보면 어떨까?

주

서문

1. Kary Oberbrunner, *Unhackable: Close the Gap Between Dreaming and Doing* (Powell, Ohio: Ethos Collective, 2020), 12.

2. Steve Cohen, *Win the Crowd: Unlock the Secrets of Influence, Charisma, and Showmanship* (New York: Collins, 2006), 135. 스티브 코언, 《준비된 쇼맨십》(위즈덤하우스 역간).

3. Abraham Joshua Heschel, *Moral Grandeur and Spiritual Audacity*, by Abraham Joshua Heschel, Susannah Heschel, ed. (New York: Farrar, Straus and Giroux, 1997) 중 Susannah Heschel이 쓴 서문에 인용됨, viii.

4. Eugene T. Gendlin, *Focusing* (New York: Bantam Books, 2007), 3-4. 유진 젠들린, 《힘들 때, 지칠 때》(팬덤북스 역간).

5. Deepika Choube and Shubham Sharma, "Psychological and Physiological Effect in Plant Growth and Health by Using Positive and Negative Words," *International Journal of Innovative Research in Technology* 8, no. 1 (June 2021), www.ijirt. org/master/publishedpaper/IJIRT151445_PAPER.pdf.

6. Hayim Nahman Bialik and Yehoshua Hana Ravnitzky, eds, *The Book of Legends—Sefer Ha-Aggadah: Legends from the Talmud and Midrash*, trans. William G. Braude (New York: Schocken Books, 1992), 704.

7. Eva Van Prooyen, "This One Thing Is the Biggest Predictor of Divorce," The Gottman Institute, www.gottman.com/blog/this-one-thing-is-the-biggest-predictor-of-divorce.

8. Leonard Bernstein (speech, American International Music Fund, May 21, 1963), www.loc.gov/resource/musbernstein.100020111.0/?sp=1&r=-0.14,0.176,1.247,0.819,0.

9. Drake Baer, "15 Olde English Words We Need to Start Using Again," *Business Insider*, May 5, 2016, www.businessinsider.com/olde-english-words-we-need-to-start-using-again-2016-4.

10. Susie Dent, Nickee De Leon Huld, "How Many Words Does the Average Person Know?", *Word Counter* (blog), https://wordcounter.io/blog/how-many-words-does-the-average-person-know.

11. Dale Carnegie, *How to Win Friends and Influence People*, rev. ed. (New York: Gallery Books, 2022), xx. 데일 카네기, 《데일 카네기 인간관계론》(다연 역간).

1부
겸손과 배려의 언어, "부탁합니다"의 심리학

1. *APA Dictionary of Psychology*, s.v. "word-association test," https://dictionary.apa.org/word-association-tests.

2. Valeria Sabater, "Carl Jung's Word Association Test," Exploring Your Mind, November 15, 2021, https://exploringyourmind.com/carl-jung-word-association-test.

3. Jon A. Bargh, Mark Chen, Lara Burrows, "Automaticity of Social Behavior: Direct Effects of Trait Construct and Stereotype Activation on Action," *Journal of Personality and Social Psychology* 71, no. 2 (1996): 233-35.

4. "The 'Magic Words,'" The Emily Post Institute Inc., https://emilypost.com/advice/the-magic-words.

5. Ajai Prakash, "Christian Herter Was the Governor of…," Sermon Central, February 21, 2008, www.sermoncentral.com/sermon-illustrations/65172/christian-herter-was-the-governor-of-by-ajai-prakash.

1. '나'가 아니라, '너'와 '우리'를 대화의 중심에 두다

1. Jennie Jerome, Robert Mening, "A Story from a Dinner Party Winston Churchill's Mother Attended Over a Century Ago Illustrates What It Means to Be a Charismatic Leader"에 인용됨. October 27, 2016, *Business Insider*, www.

businessinsider.com/charismatic-leadership-tips-from-history-2016-10.

2. Benjamin Disraeli, Dale Carnegie, *How to Win Friends and Influence People*, rev. ed. (New York: Gallery Books, 2022), 116에 인용됨.

3. Francis Schaeffer, "The Virtue of Listening ― Because There Are No Little People…," The Humanitas Forum on Christianity and Culture, February 3, 2015, https://humanitas.org/?p=3229.

4. Edith Schaeffer, "The Virtue of Listening."

5. "Theodore Roosevelt's Libraries," Theodore Roosevelt Center, Dickinson State University, www.theodorerooseveltcenter.org/Learn-About-TR/TR-Encyclopedia/Reading-and-Writing/Roosevelt-Libraries.aspx.

6. Adam Grant, *Give and Take: A Revolutionary Approach to Success* (New York: Viking, 2013). 애덤 그랜트, 《기브 앤 테이크》(생각연구소 역간).

7. Jim Elliot, *The Journals of Jim Elliot*, Elisabeth Elliot, ed. (Grand Rapids, Mich.: Revell, 2002), 174.

8. James W. Pennebaker, *The Secret Life of Pronouns: What Our Words Say About Us* (New York: Bloomsbury, 2011), ix. 제임스 W. 페니베이커, 《단어의 사생활》(사이 역간).

9. Grant, *Give and Take*, 36.

10. Grant, *Give and Take*, 36.

11. James W. Pennebaker, Jessica Wapner, "He Counts Your Words (Even Those Pronouns)"에 인용됨. *New York Times,* October 13, 2008, www.nytimes.com/2008/10/14/science/14prof.html.

12. Rabbi Jonathan Sacks, *Not in God's Name: Confronting Religious Violence* (New York: Schocken, 2015), 51. 조너선 색스, 《하나님 이름으로 혐오하지 말라》(한국기독교연구소 역간).

13. Cindy K. Chung and James W. Pennebaker, "The Psychological Functions of Function Words," ResearchGate, January 2007, www.researchgate.net/profile/Cindy-Chung-2/publication/237378690_The_Psychological_Functions_of_Function_Words/links/0a85e52f1898d247c2000000/The-Psychological-Functions-of-Function-Words.pdf.

14. John Damascene, Thomas Aquinas, *Summa Theologiae*, part 2 of part 2, "Question 15. Envy"에 인용됨, New Advent, www.newadvent.org/summa/3036.htm.

15. Robert Madu (speech, WAFBEC, Iganmu, Nigeria, January 8, 2021), http://blog.wafbec.org/day-6-evening-session-1-pst-robert-madu.

16. Stephen R. Covey, *The 7 Habits of Highly Effective People: Powerful Lessons in*

Personal Change (New York: Free Press, 2004), 207. 스티븐 코비, 《성공하는 사람들의 7가지 습관》(김영사 역간).

2. 얼어붙은 마음과 불가능한 기회를 열다

1. Denzel Washington, Cheyenne Roundtree, "Denzel Washington Pays Tribute to Late Mentor and Friend Sidney Poitier: 'He Opened Doors for All of Us'"에 인용됨, Daily Beast, January 7, 2022, www.thedailybeast.com/denzel-washington-pays-tribute-to-late-mentor-and-friend-sidney-poitier-he-opened-doors-for-all-of-us.

2. Sidney Poitier, "Sidney Poitier Reflects on Lessons from Childhood," interview, ABC News, February 20, 1985, https://abcnews.go.com/Entertainment/video/sidney-poitier-reflects-lessons-childhood-82137840.

3. Winn Collier, *A Burning in My Bones: The Authorized Biography of Eugene H. Peterson* (Colorado Springs, Colo.: WaterBrook, 2021), 155.

4. Eugene H. Peterson, *Under the Unpredictable Plant: An Exploration in Vocational Holiness* (Grand Rapids, Mich.: Eerdmans, 1994), 50. 유진 피터슨, 《목회자의 소명》(포이에마 역간).

5. Yvette Alt Miller, "Sidney Poitier and the Jewish Waiter Who Taught Him How to Read," Aish, January 11, 2022, www.aish.com/ci/a/Sidney-Poitier-and-the-Jewish-Waiter-who-Taught-Him-How-to-Read.html.

6. Sidney Poitier, "Sidney Poitier, First Black Actor to Win Best Actor Oscar, Dies at 94"에 인용됨, *Globe and Mail*, January 7, 2022, www.theglobeandmail.com/arts/film/article-sidney-poitier-first-black-actor-to-win-best-actor-oscar-dies-at-94.

7. Sidney Poitier, Patricia Bosworth, "Sidney Poitier on the Rough Road to Hollywood"에 인용됨, *Washington Post*, May 25, 1980, www.washingtonpost.com/archive/entertainment/books/1980/05/25/sidney-poitier-on-the-rough-road-to-hollywood/436a15fe-f67e-4b49-a83c-5cb7412a2e4a.

8. William Osler, "In Memoriam — Sir William Osler"에 인용됨, *Canadian Journal of Medicine and Surgery* 47, no. 3 (March 1920): 116.

9. Aesop, "The North Wind and the Sun," *The Aesop for Children*, Library of Congress, https://read.gov/aesop/143.html.

10. Selena Gomez, "Kill 'Em with Kindness," track 2 on Revival, Interscope Records, 2015.

3. 적절한 시기에, 창의적으로, 웃으며 요청하기

1. Joey Reiman, *Thinking for a Living: Creating Ideas That Revitalize Your Business, Career & Life* (Athens, Ga.: Longstreet, 1998), 77-79.
2. "On Average a Woman Smiles 62 Times a Day; Men Smile Only 8 Times," South Florida Reporter, May 30, 2018, https://southfloridareporter.com/on-average-a-woman-smiles-62-times-a-day-men-smile-only-8-times.
3. Mark Stibich, "10 Big Benefits of Smiling" Verywell Mind, September 10, 2022 업데이트, www.verywellmind.com/top-reasons-to-smile-every-day-2223755.
4. Stibich, "10 Big Benefits of Smiling."
5. Daniel Goleman, *Emotional Intelligence: Why It Can Matter More Than IQ* (New York: Bantam Books, 2020), 30. 대니얼 골먼, 《EQ 감성지능》(웅진지식하우스 역간).
6. Marilyn Chandler McEntyre, *Caring for Words in a Culture of Lies* (Grand Rapids, Mich.: Eerdmans, 2009), 54.
7. McEntyre, *Caring for Words*, 44.
8. McEntyre, *Caring for Words*, 45.
9. Emily Dickinson, "Tell All the Truth but Tell It Slant," *Dickinson Poems*, ed. Peter Washington (New York: Alfred A. Knopf, 1993), 18.

4. 내 잘못이 아니어도 책임지는 용기를 내다

1. James W. Pennebaker, *The Secret Life of Pronouns: What Our Words Say About Us* (New York: Bloomsbury, 2011), 61.
2. Becky Upham, "Facebook Comes Under Fire After Whistleblower and Leaked Documents Reveal Negative Impact on Girls," Everyday Health, October 9, 2021, www.everydayhealth.com/public-health/facebook-comes-under-fire-after-whistleblower-and-leaked-documents-reveal-negative-impact-on-young-girls.
3. Georgia Wells, Jeff Horwitz, Deepa Seetharaman, "FaceBook Knows Instagram Is Toxic for Teen Girls, Company Documents Show," *Wall Street Journal*, September 14, 2021, www.wsj.com/articles/facebook-knows-instagram-is-toxic-for-teen-girls-company-documents-show-11631620739.
4. Brooke Auxier, "64% of Americans Say Social Media Have a Mostly Negative

Effect on the Way Things Are Going in the U.S. Today," Pew Research Center, October 15, 2020, www.pewresearch.org/fact-tank/2020/10/15/64-of-americans-say-social-media-have-a-mostly-negative-effect-on-the-way-things-are-going-in-the-us-today.

5. Maria Pengue, "16 Eye-Opening Negative News Statistics You Need to Know," *Letter.ly*, March 29, 2021, https://letter.ly/negative-news-statistics.

6. Pengue, "16 Eye-Opening Negative News Statistics."

7. Encyclopaedia Britannica, s.v. "George Gerbner," www.britannica.com/biography/George-Gerbner.

8. Angela Watercutter, "Doomscrolling Is Slowly Eroding Your Mental Health," *Wired*, June 25, 2020, www.wired.com/story/stop-doomscrolling.

9. C. S. Lewis, *The Screwtape Letters* (New York: HarperOne, 2001), 162. C. S. 루이스, 《스크루테이프의 편지》(홍성사 역간).

10. "Diffusion of Innovation Theory," Boston University School of Public Health, September 9, 2019, https://sphweb.bumc.bu.edu/otlt/mph-modules/sb/behavioralchangetheories/behavioralchangetheories4.html.

5. 우리를 귀히 여기시는 은혜의 말씀을 붙들다

1. Sidney Greenberg, *Lessons for Living: Reflections on the Weekly Bible Readings and on the Festivals* (Bridgeport, Conn.: Hartmore House, 1985), 93.

2. Brett Favre (speech, Pro Football Hall of Fame, Canton, Ohio, August 6, 2016), www.youtube.com/watch?v=xoKt_Q9xD0A.

3. Scott Sauls, *A Gentle Answer: Our "Secret Weapon" in an Age of Us Against Them* (Nashville, Tenn: Nelson, 2020), 14. 스캇 솔즈, 《온유함으로 답하다》(두란노 역간).

4. A. W. Tozer, *The Knowledge of the Holy: The Attributes of God, Their Meaning in the Christian Life* (San Francisco: HarperSanFrancisco, 1961), 1. A. W. 토저, 《하나님을 바로 알자》(생명의말씀사 역간).

5. Bob Goff, *Everybody Always: Becoming Love in a World Full of Setbacks and Difficult People* (Nashville, Tenn.: Nelson Books, 2018). 밥 고프, 《모두를, 언제나》(코리아닷컴 역간).

6. Laurie Beth Jones, *Power of Positive Prophecy: Finding the Hidden Potential in*

Everyday Life (New York: Hyperion, 1999), ix. 로리 베스 존스, 《긍정적 예언의 힘》(한언출판사 역간).

7. Randy Frazee, *His Mighty Strength: Walk Daily in the Same Power That Raised Jesus from the Dead* (Nashville, Tenn.: Nelson Books, 2021), 48.

2부
공감과 용서의 언어, "미안합니다"의 사회학

1. Graham Greene, *The Power and the Glory* (New York: Pen-guin Books, 2015), 13-14. 그레이엄 그린, 《권력과 영광》(열린책들 역간).

2. Michael Lewis, *The Undoing Project: A Friendship That Changed Our Minds* (New York: W. W. Norton, 2016), 53. 마이클 루이스, 《생각에 관한 생각 프로젝트》(김영사 역간).

3. Rolf Smith, *The Seven Levels of Change: The Guide to Innovation in the World's Largest Corporations* (Arlington, Tex.: Summit, 1997), 49.

4. Ralph Waldo Emerson, "August 26," *Everyday Emerson: A Year of Wisdom* (New York: St. Martin's, 2022), 64.

5. Dale Carnegie, *How to Win Friends and Influence People*, rev. ed. (New York: Gallery Books, 2022), 32.

6. Emerson, "January 14," *Everyday Emerson*, 14.

7. Rachel Hartigan, "The Epic COVID-19 Memorial on the National Mall, in One Stunning Photo," *National Geographic*, September 30, 2021, www.nationalgeographic.com/culture/article/epic-covid-19-memorial-national-mall-one-stunning-photo.

8. Carnegie, *How to Win Friends*, 184.

9. Tom Jacobs, "Reading Literary Fiction Can Make You Less Racist: New Research Finds a Compelling Narrative Can Help Us Sidestep Stereotypes," PacificStandard, June 14, 2017, https://psmag.com/social-justice/reading-literary-fiction-can-make-less-racist-76155.

10. George Orwell, "Looking Back on the Spanish War," *Facing Unpleasant Facts: Narrative Essays*, ed. George Packer (Boston: Mariner Books, 2009), 149.

11. Jonathan Glover, *Humanity: A Moral History of the Twentieth Century*, 2nd ed. (New Haven, Conn.: Yale University Press, 2012), chap. 11. 조나단 글로버, 《휴

머니티》(문예출판사 역간).

12. Lewis B. Smedes, *Forgive and Forget: Healing the Hurts We Don't Deserve* (San Francisco: HarperSanFrancisco, 1996), x.

6. 구체적이고 진심 어린 사과, 막힌 담을 허물다

1. "Life Expectancy," National Center for Health Statistics, CDC, March 25, 2022, www.cdc.gov/nchs/fastats/life-expectancy.htm.

2. Morrie Schwartz, Mitch Albom, *Tuesdays with Morrie: An Old Man, a Young Man, and Life's Greatest Lesson* (New York: Broadway Books, 2017), 121에 인용됨. 미치 앨봄, 《모리와 함께한 화요일》(살림출판사 역간).

3. Roland H. Bainton, *Here I Stand: A Life of Martin Luther* (New York: Meridian, 1995), 41. 롤런드 베인턴, 《마르틴 루터》(생명의말씀사 역간).

4. Helen Ernst, "Try Tears," Make the Vision Plain (blog), https://makethevisionplain.com/try-tears.

5. Corey Russell, *The Gift of Tears* (Lewisville, Tex.: Nasharite, 2021), 6.

6. Russell, *The Gift of Tears*, 41.

7. 원한을 품어 상처 나는 사람은 나 자신뿐이다

1. R. T. Kendall, *Total Forgiveness: When Everything in You Wants to Hold a Grudge, Point a Finger, and Remember the Pain—God Wants You to Lay It All Aside*, rev. ed. (Lake Mary, Fla.: Charisma House, 2007), 3-4. R. T. 켄달, 《완전한 용서》(죠이선교회 역간).

2. Kendall, *Total Forgiveness*, 87.

3. Michele Killough Nelson, "A New Theory of Forgiveness" (PhD diss., Purdue University, 1992), https://docs.lib.purdue.edu/dissertations/AAI9229170.

8. 그 사람만의 내밀한 슬픔에 귀 기울이다

1. Stephen R. Covey, *The 7 Habits of Highly Effective People: Powerful Lessons in Personal Change* (New York: Free Press, 2004), 30-31.

2. Covey, *7 Habits*, 31.

3. Brenée Brown, *The Gifts of Imperfection*, 10th anniversary ed. (Center City, Minn.: Hazelden, 2020), 71. 브레네 브라운, 《나는 불완전한 나를 사랑한다》(가나 출판사 역간).

4. Frederick Buechner, *The Alphabet of Grace* (New York: Harper & Row, 1989), 14.

5. Buechner, *The Alphabet of Grace*, 14.

6. Henry Wadsworth Longfellow, "Table-Talk," *The Works of Henry Wadsworth Longfellow* (Boston: Houghton, Miff-lin, 1886), 405.

9. 사랑 안에서 진실만을 말하다

1. Ice Cube, "Check Yo Self," track 13 on *The Predator*, UMG Recordings, 1992.

2. Frank Sesno, *Ask More: The Power of Questions to Open Doors, Uncover Solutions, and Spark Change* (New York: AMACOM, 2017), 1. 프랭크 세스노, 《판을 바꾸는 질문들》(중앙북스 역간).

3. Sesno, *Ask More*, 58.

4. Sesno, *Ask More*, 74-76, 222; 91, 213-15; 158-60, 234.

5. *Tommy Boy*, Peter Segal 감독 (Los Angeles: Para-mount Pictures, 1995). 피터 시걸, 〈크레이지 토미 보이〉.

6. Roman Russo, "Remember the Losada Ratio of 2.9013 If You Want to Be Happy," Optimal Happiness, December 3, 2020, https://optimalhappiness.com/losada-ratio-losada-line-29013/#:~:text=Losada%20Ratio%20states%20that%20for,we%20are%20unhappy%20and%20languishing.com.

7. Kim Scott, *Radical Candor: Be a Kick-Ass Boss Without Losing Your Humanity* (New York: St. Martin's, 2017), 9-10. 킴 스콧, 《실리콘밸리의 팀장들》(청림출판 역간).

8. Scott, *Radical Candor*, 32.

9. Mike Foster, *People of the Second Chance: A Guide to Bringing Life-Saving Love to the World* (Colorado Springs, Colo.: WaterBrook, 2016), 7.

10. 인간 내면의 복잡성을 인정하고 판단을 보류하다

1. Corrie ten Boom, *Tramp for the Lord* (Fort Washington, Pa.: CLC, 2011), 55-57.

2. Bradford Veley, "Stuffed," https://bradveley.com/stuffed.

3. "Stunning Details of Brain Connections Revealed," ScienceDaily, November 17, 2010, www.sciencedaily.com/releases/2010/11/101117121803.htm.

4. R. T. Kendall, *Total Forgiveness: When Everything in You Wants to Hold a Grudge, Point a Finger, and Remember the Pain — God Wants You to Lay It All Aside*, rev. ed. (Lake Mary, Fla.: Charisma House, 2007), 6.

5. Kendall, *Total Forgiveness*, 42.

6. Huston Smith, *The World's Religions: Our Great Wisdom Traditions* (San Francisco: HarperSanFrancisco, 1991), 40. 휴스턴 스미스, 《세계의 종교》(은성 역간).

3부
감사와 베풂의 언어, "고맙습니다"의 신학

1. Abraham Kuyper, Roger Henderson, "Kuyper's Inch"에 인용됨, *Pro Rege 36*, no. 3 (March 2008): 12, https://digitalcollections.dordt.edu/cgi/viewcontent.cgi?article=1380&context=pro_rege.

2. Arsenio Rodriguez, "The Encounter: The Constant Motion of the Machinery of Life," *Feature*, May 2, 2021, www.meer.com/en/65608-the-encounter.

3. "Brain, Eyes and Computers: Peek at 1998 Moravec Book, Chapter 3," https://frc.ri.cmu.edu/~hpm/book97/ch3/retina.comment.html.

4. G. K. Chesterton, *The Autobiography of G. K. Chesterton* (San Francisco: Ignatius, 2006).

5. G. K. Chesterton, *Orthodoxy* (Chicago: Moody, 2009), 92. G. K. 체스터턴, 《G.

K. 체스터턴의 정통》(아바서원 역간).

6. Phil Cousineau, *The Art of Pilgrimage: The Seeker's Guide to Making Travel Sacred* (Newburyport, Mass.: Conari, 2021). 필 쿠지노, 《성스러운 여행 순례 이야기》(문학동네 역간).

7. Elizabeth Barrett Browning, "Aurora Leigh," *Aurora Leigh, and Other Poems* (New York: James Miller, 1866), 265.

8. Walter Hagen, Grantland Rice, *The Tumult and the Shouting: My Life in Sport* (New York: A. S. Barnes, 1954), 73에 인용됨.

11. 호흡할 때마다 하나님을 찬양하다

1. Sam Kean, *Caesar's Last Breath: Decoding the Secrets of the Air Around Us* (New York: Back Bay Books, 2018), 75. 샘 킨, 《카이사르의 마지막 숨》(해나무 역간).

2. Kean, *Caesar's Last Breath*, 66.

3. Kean, *Caesar's Last Breath*, 9.

4. Walter Loeb, "How Amazon Could Speed Up by Dumping USPS," *Forbes*, May 12, 2022, www.forbes.com/sites/walterloeb/2022/05/12/amazon-may-replace-usps-as-a-delivery-agent/?sh=30c3c63562db.

5. Tatsuro Yoshida, Michael Prudent, Angelo D'Alessandro, "Red Blood Cell Storage Lesion: Causes and Potential Clinical Consequences," PMC, *Blood Transfusion* 17, no. 1 (January 2019): 27-52, www.ncbi.nlm.nih.gov/pmc/articles/PMC6343598.

6. Kean, *Caesar's Last Breath*, 9.

7. Kean, *Caesar's Last Breath*, 책 소개글, https://samkean.com/books/caesars-last-breath.

12. 처음 보듯 관찰하고 새롭게 사랑하다

1. Wilson Bentley, "First Photograph of a Snow-flake"에 인용됨, Guinness World Records, www.guinnessworldrecords.com/world-records/606626-first-

photograph-of-a-snowflake.

2. Alexis Stempien, "Are All Snowflakes Really Different? The Science of Winter," Smithsonian Science Education Center, December 16, 2015, https://ssec.si.edu/ stemvisions-blog/are-all-snowflakes-really-different-science-winter.

3. "Inuktitut Words for Snow and Ice," *The Canadian Encyclopedia*, 2017년 12월 14 일 마지막으로 수정, www.thecanadianencyclopedia.ca/en/article/inuktitut-words-for-snow-and-ice.

4. John Tierney and Roy F. Baumeister, *The Power of Bad: And How to Overcome It* (London: Penguin Books, 2021), 8. 존 티어니와 로이 F. 바우마이스터, 《부정성 편향》(에코리브르 역간).

5. Thomas Carlyle, "The Hero as Divinity," *Sartor Resartus, and On Heroes, Hero-Worship and the Heroic in History* (London: Macmillan, 1920), 265.

6. M. J. Ryan, *Attitudes of Gratitude: How to Give and Receive Joy Every Day of Your Life* (York Beach, Maine: Conari, 1999), 75-76.

7. John O'Donohue, *Anam Cara: A Book of Celtic Wisdom* (New York: Cliff Street Books, 1998), 90. 존 오도나휴, 《영혼의 동반자》(이끌리오 역간).

8. Plinio Apuleyo Mendoza and Gabriel Garcíia Máarquez, *The Fragrance of Guava* (London: Verso, 1983), 23.

9. FamilyLife, "On Average, Married Couples Communicate Only 27 Minutes Per Week," Facebook, April 24, 2019, https://m.facebook.com/permalink.php?story_fbid=10155923237231249&id=39717321248.

10. Scott Bolinder and Jill Bolinder, Les Parrott and Leslie Parrott, *Becoming Soul Mates: Cultivating Spiritual Intimacy in the Early Years of Marriage* (Grand Rapids, Mich.: Zondervan, 1995), 17에 인용됨.

13. 자책과 원망을 버리고 감사 제목을 찾다

1. Esther B. Fein, "Influential Book," *New York Times*, November 20, 1991, www.nytimes.com/1991/11/20/books/book-notes-059091.html.

2. Viktor E. Frankl, *Man's Search for Meaning* (Boston: Beacon, 2014), 62. 빅터 프랭클, 《죽음의 수용소에서》(청아출판사 역간).

3. Adam Grant, "There's a Name for the Blah You're Feeling: It's Called Languishing," *New York Times*, April 19, 2021, www.nytimes.com/2021/04/19/

well/mind/covid-mental-health-languishing.html.

4. Friedrich Nietzsche, Frankl, *Man's Search for Meaning*, 97에 인용됨.

5. C. G. Jung, *Commentary on "The Secret of the Golden Flower," in Alchemical Studies*, trans. R. F. C. Hull (Princeton, N.J.: Princeton University Press, 1983), 15.

6. 스톡데일 패러독스(Stockdale Paradox)를 소개하고 설명해 준 짐 콜린스(Jim Collins)에게 감사한다. "The Stockdale Paradox," Jim Collins, www.jimcollins.com/concepts/Stockdale-Concept.html을 보시오.

7. Richard Restak, *Mozart's Brain and the Fighter Pilot: Unleashing Your Brain's Potential* (New York: Three Rivers, 2001), 92.

8. Bec Crew, "Fish Have Been Recorded Singing a Dawn Chorus — Just like Birds," *ScienceAlert*, September 22, 2016, www.sciencealert.com/fish-have-been-recorded-singing-a-dawn-chorus just-like-birds.

9. George Sranko, "Why Do Octopus Have 3 Hearts, 9 Brains, and Blue Blood? Smart Suckers!," *BioGeoPlanet*, https://biogeoplanet.com/why-do-octopuses-have-9- brains-8-arms-3-hearts-and-blue-blood-surprising-facts.

10. Joe Lowe, "Favorite Bird Sounds and Songs in the United States," American Bird Conservancy, April 6, 2019, https://abcbirds.org/blog/favorite-bird-sounds-songs-united-states.

11. Gareth Huw Davies, "Bird Songs," PBS, www.pbs.org/lifeofbirds/songs.

12. "Bobolink Range Map," All About Birds, www.allabout-birds.org/guide/Bobolink/maps-range; "Bobolink Sounds," All About Birds, www.allaboutbirds.org/guide/Bobolink/sounds.

13. Leonard Sweet, *A Cup of Coffee at the Soul Cafe* (Nashville: Broadman & Holman, 1998), 65.

14. A. W. Tozer, *The Pursuit of God* (Chicago: Moody, 2006), 47. A. W. 토저, 《하나님을 추구하다》.

15. A. J. Jacobs, *Thanks a Thousand: A Gratitude Journey* (New York: TED Books, 2018), 109.

14. 받은 복을 세어 보고, 그 복을 흘려 보내다

1. David B. Strohmetz et al., "Sweetening the Till: The Use of Candy to Increase

Restaurant Tipping," *Journal of Applied Social Psychology* 32, no. 2 (February 2002): 300-309, https://onlinelibrary.wiley.com/doi/abs/10.1111/j.1559-1816.2002.tb00216.x.

2. John Ruhlin, *Giftology: The Art and Science of Using Gifts to Cut Through the Noise, Increase Referrals, and Strengthen Client Retention*, 2nd ed. (self-pub., 2018), 74. 존 룰린, 《선물의 힘》(리더스북 역간).

3. Hayim Nahman Bialik and Yehoshua Hana Ravnitzky, eds., *The Book of Legends: Legends from the Talmud and Midrash,* trans. William G. Braude (New York: Schocken Books, 1992), 533:250.

4. James W. Pennebaker, *The Secret Life of Pronouns: What Our Words Say About Us* (New York: Bloomsbury, 2011), 14.

5. Kenton Beshore, "Thanksgiving in Living" (sermon, Mariners Church, Irvine, Calif., November 22, 2020), www.youtube.com/watch?v=RmZUwUZv0qw.

6. Emily Balcetis, "Why Some People Find Exercise Harder Than Others," TED, www.ted.com/talks/emily_balcetis_why_some_people_find_exercise_harder_than_others/transcript.

7. Pirke Avot 5:10, in *Pirke Avot: A Modern Commentary on Jewish Ethics,* trans. and ed. Leonard Kravitz and Kerry M. Olitzky (New York: UAHC, 1993), 82.

15. 베풀고 섬기는 샬롬의 세상을 함께 이루다

1. Archibald MacLeish, "A Reflection: Riders on Earth Together, Brothers in Eternal Cold," *New York Times*, December 25, 1968, www.nytimes.com/1968/12/25/archives/a-reflection-riders-on-earth-together-brothers-in-eternal-cold.html.

2. Adam Grant, *Think Again: The Power of Knowing What You Don't Know* (New York: Viking, 2021), 128. 애덤 그랜트, 《싱크 어게인》(한국경제신문사 역간).

3. Edgar Mitchell, Grant, *Think Again*, 128에 인용됨.

4. Grant, *Think Again*, 129.

5. Mishnah Sanhedrin 4:5; Yerushalmi Talmud 4:9.

6. C. S. Lewis, "The Weight of Glory," *The Weight of Glory: And Other Addresees* (New York: HarperOne, 2001), 46. C. S. 루이스, 《영광의 무게》(홍성사 역간).

7. Lewis, "The Weight of Glory," 46.

8. Augustine, *Confessions*, trans. and ed. Henry Chadwick (Oxford: Oxford

University Press, 2008), 3. 아우구스티누스, 《고백록》.

9. Blaise Pascal, *Penséees,* trans. A. J. Krailsheimer, rev. ed. (London: Penguin Books, 1995), 45. 블레즈 파스칼, 《팡세》.

10. Pope Francis, "Nostalgia for God" (message, *Domus Sanctae Marthae,* Vatican City, October 1, 2015), www.vatican.va/content/francesco/en/cotidie/2015/documents/papa-francesco-cotidie_ 20151001_nostalgia-for-god. html.

11. The Westminster Shorter Catechism, 1647, www.westminsterconfession.org/resources/confessional-standards/the-westminster-shorter-catechism.

12. John Piper, *Desiring God: Meditations of a Christian Hedonist,* rev. ed. (Colorado Springs, Colo.: Multnomah Books, 2011), 288.

13. John Calvin, *Institutes of the Christian Religion,* ed. John T. MacNeill, trans. Ford Lewis Battles (Philadelphia: Westminster, 1960), 1:108. 장 칼뱅, 《기독교 강요》.

14. A. W. Tozer, *The Knowledge of the Holy* (New York: Harper Collins, 1961), vii, 2.

15. Cornelius Plantinga, Jr., *Not the Way It's Supposed to Be: A Breviary of Sin* (Grand Rapids, Mich.: Eerdmans, 1996), 18. 코넬리우스 플랜팅가, 《우리의 죄 하나님의 샬롬》(복있는사람 역간).